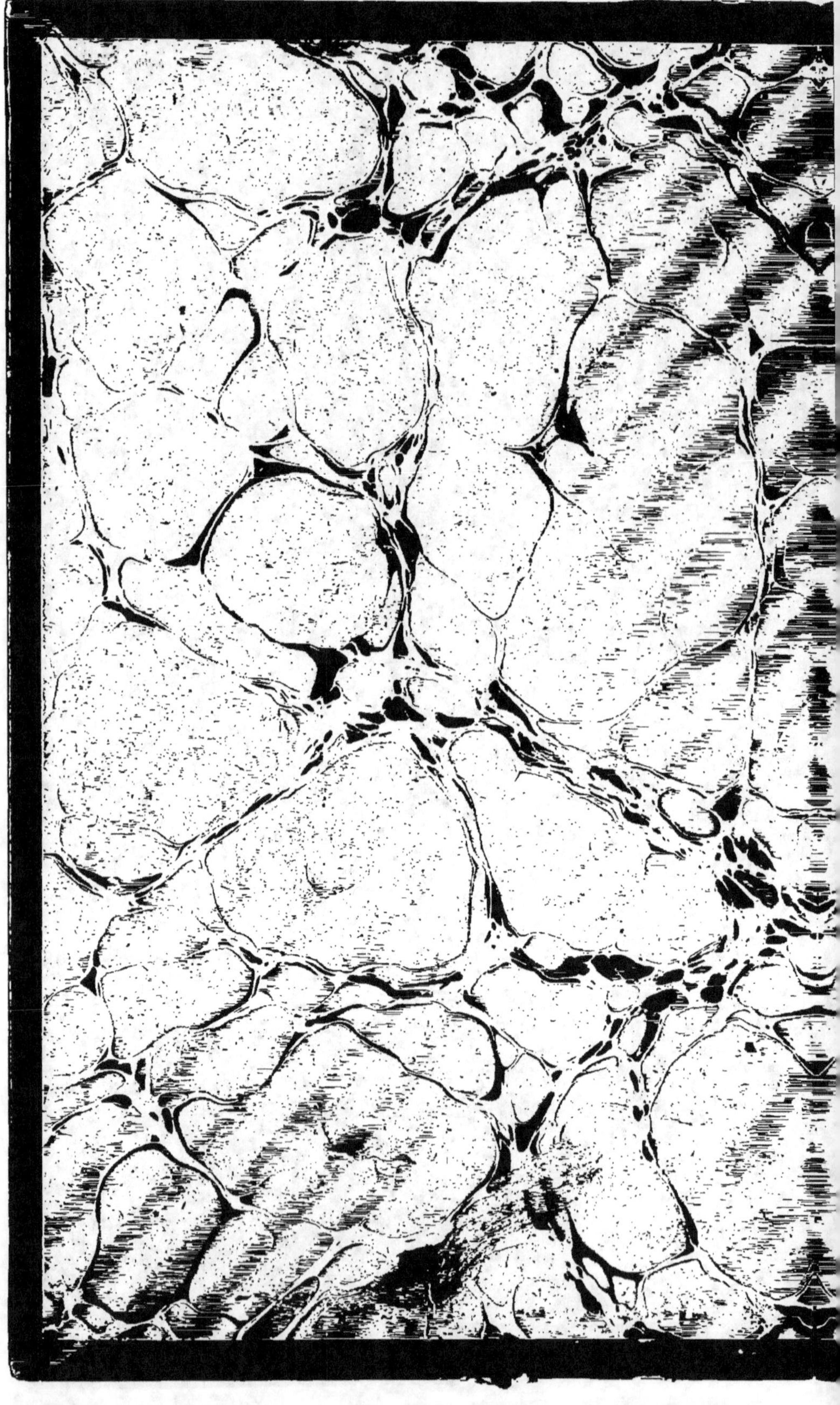

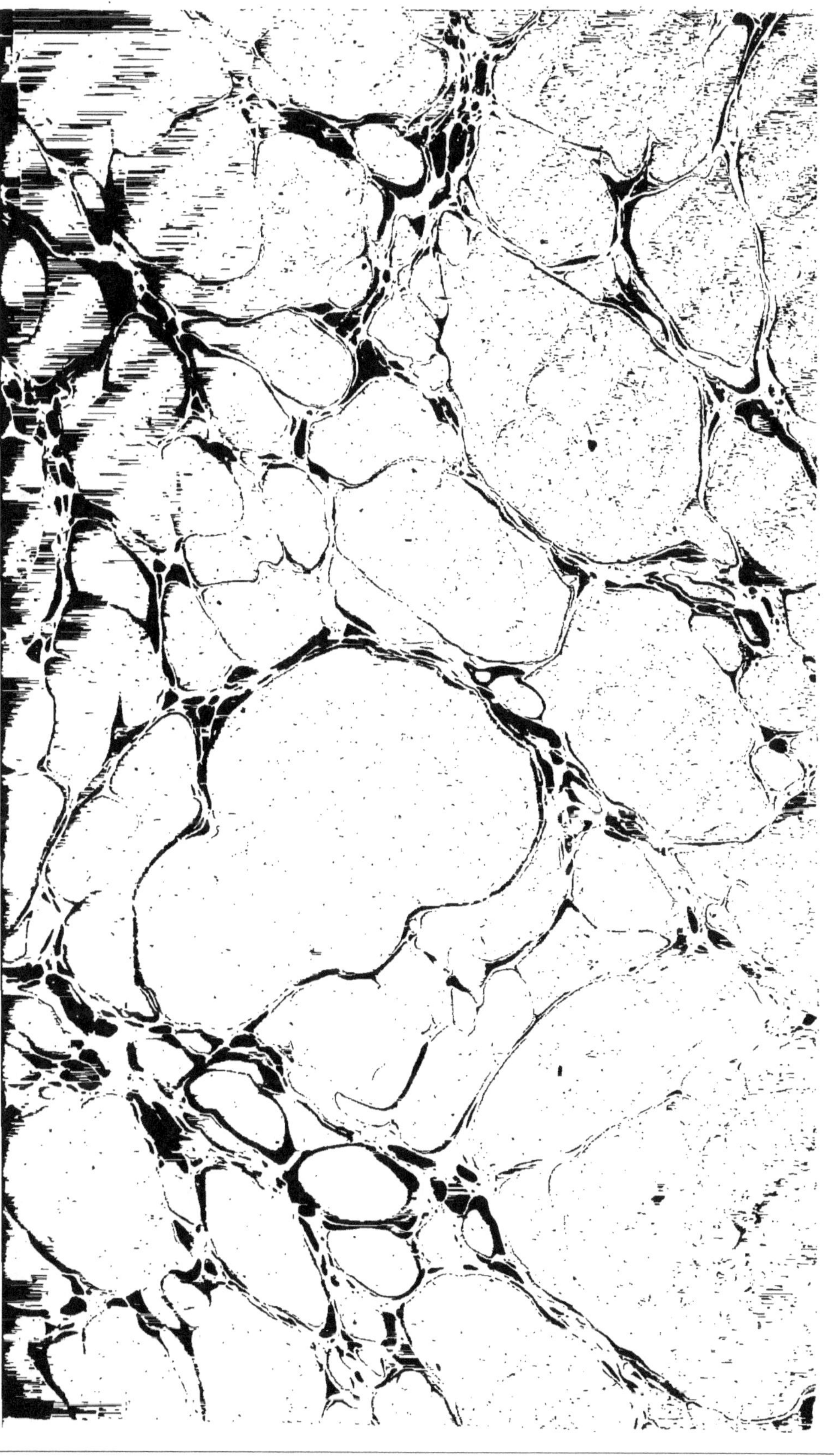

CURIOSITÉS

DE LA

CITÉ DE PARIS

Paris. — Imprimé chez Bonaventure et Ducessois,
55, quai des Augustins, 55.

CURIOSITÉS

DE LA

CITÉ DE PARIS

HISTOIRE ÉTYMOLOGIQUE
DE SES RUES

NOUVELLES, ANCIENNES OU SUPPRIMÉES

RECHERCHES ARCHÉOLOGIQUES

sur ses antiquités, monuments et maisons remarquables

PAR

FERDINAND HEUZEY

DESSINS DE A. RACINET

PARIS

E. DENTU, ÉDITEUR

Libraire de la Société des Gens de Lettres

PALAIS-ROYAL, 17 ET 19, GALERIE D'ORLÉANS

1864

A Monsieur

VICTORIEN SARDOU

AUTEUR DRAMATIQUE, CHEVALIER DE LA LÉGION D'HONNEUR.

Je dédie ce présent livre.

Mon jeune et spirituel ami, je souhaitais de placer cet ouvrage sous le patronage d'un homme de génie, d'honneur et de cœur. Je ne pouvais faire un choix plus digne, et en même temps qui me soit plus sympathique. Si ce faible hommage peut vous être agréable, cela rendra bien heureux

Votre très-dévoué et très-sincère admirateur.

Ferdinand HEUZEY.

PRÉFACE

Amis lecteurs,

Mon sentiment est : que les discours les plus courts sont les meilleurs ; aussi je vais être laconique.

Mon amour passionné pour l'histoire de Paris me fit faire des études approfondies, des recherches immenses. J'ai consulté les titres, comparé tous les historiens anciens et modernes ; bref, le résultat de vingt ans de patience à toute épreuve me mit en possession d'une histoire de Paris bien claire, bien authentiquée, que je composai pour ma satisfaction personnelle. Il est probable que ce travail ne serait jamais sorti de mon cabinet, si un éditeur distingué ne m'eût engagé à en extraire le quartier de la Cité, comme étant le plus intéressant, et à l'offrir à la curiosité publique. Je me suis rendu à cet avis, pensant que le moment où ma *vieille Lutèce* va changer d'aspect est le plus favorable pour écrire son histoire.

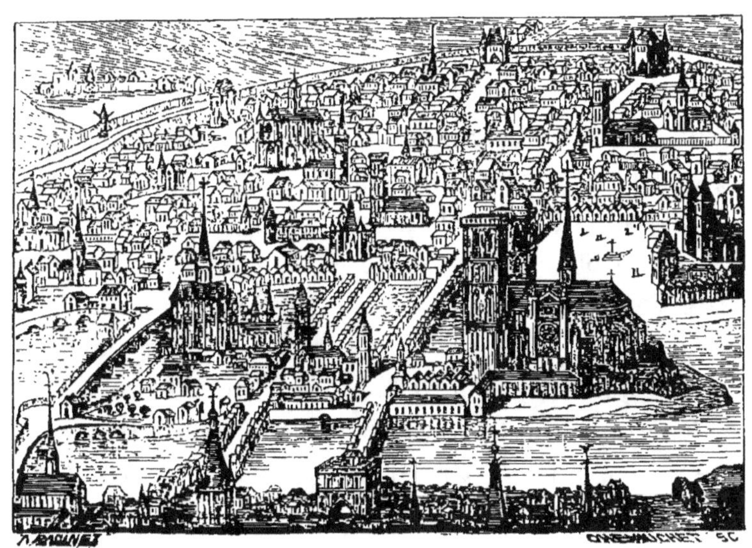

LA CITÉ SOUS HENRI IV

CHAPITRE PREMIER

ORIGINE DE PARIS

Paris, ville capitale du royaume, aujourd'hui la plus magnifique, la plus riche et la plus florissante ville de l'Europe, fut d'abord, comme les plus fameuses cités du monde, petite, obscure et très-peu considérée. Ce n'était, du temps de Jules César, qu'un amas de petites maisons rondes, bâties de bois et de

1

terre, couvertes de chaume ou de jonc. Ces espèces de cabanes, car on ne peut guère leur donner un autre nom, furent construites par quelques étrangers qu'on suppose être originaires de la Belgique, qui, pour échapper au fer de leurs ennemis, vinrent occuper un territoire sur les bords de la Seine et sur les frontières des *Senones;* ce territoire ne devait pas avoir, dans sa plus grande dimension, plus de dix à douze lieues : au nord, il était borné par celui des *Silvanectes*, dont le chef-lieu est représenté par la ville de Senlis ; à l'est, par celui des *Meldi* (Meaux) ; à l'est et au sud, par le territoire des *Senones* (Sens) ; au sud et à l'ouest, les Parisiens avaient pour voisins les courageux *Carnutes*, habitants du pays Chartrain (peuple de Chartres et de Sens), appelé alors *Agedincum*.

La Seine traversait ce territoire, formant au point où se trouve aujourd'hui Paris cinq îles, dont la plus étendue fut, par les nouveaux habitants, choisie pour leur place de guerre et reçut le nom de *Lutetia, Lutèce* ou de *Lucotèce*, et ensuite celui de la *Cité*. Cette partie du sol, dans un fond entouré de marais, de bois et de buttes, devait protéger leur colonie contre le soleil du midi et le vent du nord.

ÉTYMOLOGIE DU NOM DES PARISIENS

Le nom des Parisiens paraît pour la première fois

dans l'histoire cinquante-trois ans avant Jésus-Christ, sept cents ans après la fondation de Rome. Lorsque César fît la conquête des Gaules, il disait : « Les *Parisii* sont loyaux, sévères et courageux ; ils sont limitrophes des *Senones,* avec lesquels ils ont formé une alliance et dont ils occupent les frontières (*Parisii* signifie habitants des frontières). » Cette nation reçut ce nom parce qu'elle occupait les frontières qui séparent la Gaule celtique de la Gaule belgique, et du mot *Parisii* on a fait *Parisien.*

RELIGION DES GAULOIS

Les Gaulois ne représentaient point leurs dieux sous des formes humaines ; ils n'adoptèrent cet usage que lorsque leur religion se fut confondue avec celle des Romains. La religion que Jules César trouva si fortement établie dans la croyance des Gaulois n'était pas nationale. Ils l'avaient reçue des Bretons à une époque dont l'histoire ne fait pas mention.

La cérémonie la plus imposante des Gaulois fut *la cueillette du gui de chêne,* par les druides (prêtres gaulois) : deux taureaux blancs étaient attachés par les cornes au tronc du chêne chargé de la précieuse excroissance, un druide montait sur l'arbre, armé d'une serpe d'or, et coupait le gui sacré ; d'autres le recevaient sur un tissu de laine blanche destinéà cet usage. C'était dans les profondeurs des forêts que s'accomplissaient les sanglants mystères du druidisme; là, le sang humain coulait sur les autels de *Teutatès*; ces autels, nommés encore aujourd'hui *dolmen* en breton, *table de pierre*, consistaient en plusieurs pierres verticales, surmontées d'une pierre plate posée horizontalement et en pente, pour l'écoulement du sang de la victime que l'on égorgeait. Il est probable que les bois dont Paris était environné servaient à ces cérémonies religieuses; un temple à Teutatès s'élevait sur le sommet de la butte Montmartre.

DOMINATION ROMAINE

Jules César, poursuivant la conquête du monde, avait déjà soumis une partie de la Gaule. Pressé par le besoin de renforcer sa cavalerie pour continuer la guerre, il convoqua, en un lieu qu'il ne nomme pas dans ses *Commentaires*, une assemblée générale des nations gauloises. Celles des *Treveri*, des *Carnutes*, des *Senones*, les plus puissantes, ne s'y présentèrent point. L'absence des députés de ces nations annonçait à Labiénus, général romain, des intentions hostiles et déconcertait son plan de conquête. Instruit que la faible nation parisienne, quoique dépendante des

Senones, n'avait pris nulle part à cette résistance, il convoqua une nouvelle assemblée dans Lutèce, place forte des *Parisii*, et marcha le même jour, à la tête de ses légions, contre les *Senones* indociles qui, à son approche, promirent d'envoyer des députés; les *Carnutes* imitèrent cet exemple. César, parvenu à réunir dans Lutèce les principaux de la Gaule, les fit se résoudre à lui fournir un secours de cavalerie, unique objet de sa convocation. L'année suivante, presque toutes les nations gauloises se soulevèrent. Labiénus se dirigea vers les insurgés; il partit d'*Agedincum*, longea la rive méridionale de la Seine et s'avança vers Lutèce. Les Gaulois rassemblèrent des troupes nombreuses sous la conduite d'un vieillard de la nation des *Aulerci*, nommé Camulogène, marchèrent du côté où s'avançaient les Romains, et campèrent derrière un marais formé par le cours de la Marne.

Labiénus s'avança à la faveur des mantelets, mais il fut repoussé et contraint de se retirer. Il alla mettre le siége devant Melun qui était mal défendu; il s'en empara, et, ayant fait assembler un grand nombre de bateaux, il embarqua ses troupes et reprit par eau le chemin de Paris.

Les Gaulois, instruits de cette marche par des fugitifs de Melun, prirent la résolution de rendre vaines les tentatives de Labiénus. Ils brûlèrent Lutèce et coupèrent ses deux ponts qui étaient en bois; alors les Romains se disposèrent à les attaquer par eau,

1.

à l'aide de cinquante barques : les Parisiens firent
des prodiges de valeur; le combat fut long; mais,
cédant au nombre, une grande partie tombèrent sous
les coups des Romains. Camulogène, leur général,
fut tué dans la plaine nommée depuis Vaugirard.

Lutèce prit, sous la domination romaine, une face
nouvelle; on rétablit les deux ponts de bois, on reconstruisit les maisons qui étaient brûlées et on en
éleva de plus solides et de plus élégantes. La religion
éprouva aussi ses révolutions; les Gaulois abandon-
nèrent le culte du dieu *Teutatès* pour adopter celui
de *Jupiter* et des autres divinités de l'Olympe adorées
par les Romains, leurs vainqueurs et maîtres. On
confondit ensemble les deux religions; on bâtit des
temples à Jupiter, à Mercure, à Bacchus, à Isis, etc.,
aux mêmes lieux où l'on avait offert des sacrifices à
Teutatès. Plus tard, on y vit un palais, une prison,
des fabriques, des spectacles, un camp, des cime-
tières, des ponts... Voici le détail abrégé de ces
constructions.

CONSTRUCTIONS ROMAINES

DANS L'ILE DE LA CITÉ

Cette île était moins grande autrefois qu'elle n'a
été depuis, parce qu'on y a réuni, au couchant, deux

petites iles (l'*île à la gourdine* et l'*île au bureau*), et au levant, un monticule factice qu'on nomme aujourd'hui le *terrain*. On pénétrait dans la Cité par deux ponts de bois : le Petit-Pont, qui porte encore ce nom, et le grand pont, qui est le Pont-au-Change. Chacun de ces ponts était protégé à son entrée par une grosse tour, que les historiens ont souvent confondue avec le grand et le petit Châtelet, construits beaucoup plus tard.

Pour aller du petit pont au grand, la route suivait la direction de la rue de la Calandre, qui aboutissait sur la place du Commerce, laquelle fut plus tard nommée place Saint-Michel, à cause d'une chapelle de ce nom qui s'y trouvait; de là, on se dirigeait à droite pour arriver au grand pont.

Au ve siècle, l'île de Lutèce devait contenir un palais ou édifice destiné à l'ordre municipal, remplacé par le Palais-de-Justice. La Cité n'était alors protégée que par les eaux de la Seine.

LA SEINE

La Seine, considérée comme un fleuve, prend sa source dans la forêt de Chanceaux, à deux lieues de Saint-Seine, département de la Côte-d'Or. Après avoir reçu au-dessus de Paris l'Aube, l'Yonne, l'Yères et la

Marne, au-dessous de cette ville, l'Oise, l'Eure et d'autres moindres rivières, elle se jette dans la Manche, entre les villes du Havre et de Honfleur. Ce fleuve traverse Paris dans une direction du sud-est au nord-ouest; sa longueur, depuis l'ancienne barrière de la Râpée jusqu'à celle de Passy, est de 4,104 toises. La Seine était divisée par plusieurs îles, dont la plus grande était la Cité.

La hauteur de l'eau de la Seine est variable; elle a souvent débordé. En 1204, la rivière devint si haute que toute la Cité fut couverte d'eau; il est vrai que le plateau fut élevé depuis. En 1373, la Seine déborda tellement qu'on allait en bateau dans les rues Saint-Antoine et Saint-Denis; on attachait les barques à la Croix-Hémon, au-dessus de la place Maubert. En 1496, l'eau de la Seine monta jusque dans les maisons de la Vallée-de-Misère (quai de la Mégisserie, où se trouve aujourd'hui le Théâtre impérial du Châtelet, ancien Cirque). En racontant ce désastre, Gilles Corrozet dit :

En souvenance de cela, fut engravé dans une pierre d'une maison faisant le coing de la Mégisserie en ladite vallée, ce qui s'en suyt :

> Mil quatre cens quatre vingtz seize,
> Le VIIe jour de janvier,
> Seine fut icy à son aise,
> Battant le siége du pillier.

AUTEL DE JUPITER

Sous le règne de Tibère, entre les années 14 et 37 de notre ère, il existait chez les Parisiens une corporation de nautes (*Nautæ*), classe de négociants navigateurs sur la Seine, comme il y en avait dans plusieurs autres lieux de la Gaule.

Cette corporation de bateliers fit ériger à l'extrémité orientale de l'île de la Cité, où se trouve le chevet de l'église Notre-Dame, un monument religieux dédié spécialement à Jupiter. Ce monument était isolé, car les pierres cubiques qui le composaient sont sculptées sur leurs quatre faces et formaient une pile d'environ deux mètres de hauteur, qui vraisemblablement portait la statue de Jupiter. Ce piédestal était accompagné de deux autels, l'un destiné aux sacrifices, l'autre à faire brûler de l'encens. On découvrit ce temple, le 16 mars 1711, en creusant sous le chœur de l'église Notre-Dame pour y construire un caveau destiné aux archevêques.

PRISON DE GLAUCIN

Il est très-présumable, mais il n'est pas certain,

qu'il existait, du temps de la domination romaine, sur l'emplacement du quai Desaix (quai aux Fleurs) une prison dont parle Grégoire de Tours, et que l'auteur des *Gestes du roi Dagobert* nomme *Carcer Glaucini*, prison de Glaucin ; deux églises, bâties plus tard près de cette prison, s'appelaient, l'une Saint-Denis de la *Chartre*, l'autre Saint-Symphorien de la *Chartre,* mot qui signifie prison. Il est certain qu'il y avait à cet endroit une tour qui se nomma d'abord *tour de Marquefas,* puis *tour Roland.*

CHANGEMENT DU NOM DE LUTÈCE
EN CELUI DE PARIS

Ammien Marcellin, en traçant le tableau géographique de la Gaule, nomme ce chef-lieu des Parisiens *Lutecia* ; mais, dans le récit qu'il fait des événements postérieurs à l'an 358, il l'appelle *Parisii*. Le changement commençait alors à s'opérer ; un synode tenu dans les mois de novembre et de décembre 360 ou 361 donne à ce chef-lieu le titre de *cité* et le nom de *Paris*. Le changement de Lutèce en cité, opéré entre les années 358 et 360, pendant le séjour de Julien dans les Gaules, fut l'ouvrage de cet empereur.

INVASION DES FRANCS

Au mois de décembre 406, des hordes de barbares fondirent comme par torrents sur diverses parties de l'empire romain ; les unes les parcoururent en les pillant, en les dévastant, et allèrent plus loin porter leurs ravages ; les autres les pillèrent, les dévastèrent et y fixèrent leurs demeures. La Gaule eut beaucoup à souffrir des excès de ces féroces étrangers. Les *Visigoths* et les *Bourguignons* y avaient fondé deux royaumes, les premiers dans le midi, les seconds dans la partie orientale, quand des *Sicambres* de la ligue des *Francs,* violant les traités qui les liaient au gouvernement romain, franchirent, vers l'an 445, la barrière du Rhin, et parvinrent à s'emparer des villes de Cologne, de Tournai, de Cambrai, etc., dont chaque chef se fit souverain. Malgré ces envahissements successifs, l'empire romain se maintenait encore dans plusieurs grandes parties des provinces belges.

Un des chefs francs, Childéric, roi de Tournai, auquel on attribue quelques exploits dans Paris, et même un long siége de cette ville, étant mort en 481, son fils Clovis, jeune barbare dévoré par la soif des richesses, ayant réuni plusieurs petits princes de sa famille, quitta, en l'an 486, son camp de Tournai, marcha contre Siagrius, général romain, le combattit dans les plaines de Soissons et remporta sur lui une victoire complète. Il pilla cette ville ; puis s'avança sur Reims qui fut pillée à son tour. En l'an 494, il étendit son royaume jusqu'à la Seine et se rendit maître de Paris, qui devint alors la capitale des États des Francs.

ORIGINE DU MOT FRANÇAIS

Les Français avaient d'abord été nommés Francs, mot allemand par lequel se distinguaient les peuples de la Germanie qui s'établirent dans la Gaule. On ne connut guère le nom de Français, qui n'est qu'une dérivation du mot Franc, que vers le xe siècle ; et les Francs eux-mêmes, avant leur transmigration dans la Gaule, étaient appelés *Germains*. « *Hi vero Franci dicebantur olim Germani* (ceux que nous nommons *Francs* étaient appelés autrefois *Germains*), » est-il dit dans les *Excerpta ex Procopii historiis de Francis*. On n'est point d'accord sur l'origine des Francs. Les opinions varient beaucoup à ce sujet. Ce qui est avéré, c'est que des tribus germaines qui habitaient la contrée située entre l'océan, le Rhin, le Mein et l'Elbe, et connues sous les noms de *Saliens, Sicambres, Chamaves, Bructères, Frisons, Teuctères, Cattes, Cherusques, Usi-*

pètes, Cauques, formèrent, sous le nom de Francs, une confédération pour se protéger contre les Romains. Ils s'établirent dans les Gaules sous la conduite de Marcomir et de Pharamond, et s'emparèrent enfin, sous Clodion, du pays situé entre la Somme et Tournai. C'est au règne de Clodion qu'il faut au moins placer le commencement de la monarchie française. A la mort de ce prince, les Gaules étaient sous cinq dominations, savoir : celles des Romains, des Francs, des Visigoths, des Bourguignons et des Bretons. Mérovée, Chilpéric et Clovis chassèrent successivement les Romains des Gaules ; les Francs vainquirent les autres peuples et restèrent maîtres du pays qui finit par prendre leur nom.

Sidoine Apollinaire dit que les Francs combattaient la tête nue ; que la vitesse avec laquelle ils fondaient sur l'ennemi égalait celle des traits qu'ils lançaient. Le grand nombre pouvait les accabler, mais jamais les étonner, et le courage était encore peint sur leur front, même après la mort.

Les Gaulois s'appelaient *Welchs,* nom que le peuple donne encore aux Français dans presque toute l'Allemagne ; et il est indubitable que les Welchs d'Angleterre que nous nommons Gallois sont une colonie de Gaulois. Lorsque les Francs s'établirent dans le pays des premiers Welchs, pays que les Romains appelaient *Gallia* (Gaule), la nation se trouva composée des anciens Celtes ou Gaulois subjugués par César, des familles romaines qui s'y étaient établies, des Germains qui y avaient déjà fait des émigrations, et enfin des Francs qui se rendirent maîtres du pays sous leur chef Clovis.

On sait comment Clovis, avant de combattre Alaric, fit vœu d'élever une église sous l'invocation de saint Pierre, s'il gagnait la victoire ; il fut vainqueur, et, de concert avec la reine Clotilde, son épouse, il fonda, vers 507 ou 508, l'église qui plus tard prit le nom de Sainte-Geneviève du Mont. La religion chrétienne amena encore des changements : on détruisit le temple de Jupiter, pour en élever un à saint Étienne (Notre-Dame) ; on renversa celui d'Isis pour saint Vincent (Saint-Germain des Prés). Dans la suite, par une révolution analogue, on vit l'église des Billettes métamorphosée en un temple de protestants.

PREMIÈRE PARTIE

En vertu de la loi du 16 juin 1859, la Cité fait partie
de l'arrondissement de l'Hôtel de Ville qui est le
quatrième de la nomenclature.

Le quartier de la Cité est le seul qui conserve la
physionomie du vieux Paris, quoiqu'il ait subi bien
des améliorations.

C'est à peine si l'on peut se figurer que, dans la capitale de la France, avant les dernières années du
règne de Louis XIV, les voies publiques n'avaient

point de noms bien arrêtés ; il n'y avait point de plaques au coin des rues pour en indiquer le nom ; Michel-Étienne Turgot, prévôt des marchands, imagina de placer au coin de chaque rue de Paris une inscription en gros caractères noirs, sur des feuilles de ferblanc. Les premières furent posées le 16 janvier 1728. On les grava ensuite sur la pierre ; plus tard, on se contenta de les inscrire en noir, au pinceau, sur un fond jaune également peint et entouré d'une raie bleue. Le numérotage des maisons date seulement de 1806.

Je divise la Cité en deux séries qui sont : le quartier Notre-Dame et le quartier du Palais-de-Justice. Nous allons parcourir le premier de ces quartiers en commençant par le Pont-au-Change.

LE PONT-AU-DOUBLE

CHAPITRE II

PONT-AU-CHANGE

Vous voyez ce large pont qui communique de la rue de la Barillerie à la place du Châtelet; il existait avant la domination romaine. C'est celui qu'on nommait le Grand-Pont; il était alors grossièrement construit en bois, et placé un peu plus haut qu'il n'est aujourd'hui. En 1141, Louis VII y établit le change et

2

défendit de le faire ailleurs, ce qui lui fit donner le
nom de *Pont aux Changeurs, au Change* et *de la Mar-
chandise.* Il a conservé le second de ces noms, quoique
le change ne s'y tienne plus depuis bien longtemps
et que même, dès le xive siècle, il ait été occupé par
d'autres que par des changeurs, ces offices de change
ayant été unis au domaine le 23 février 1359. Les
orfévres en occupaient un côté et les changeurs l'autre. Ce pont était partie en pierre et partie en bois :
les grandes inondations l'ayant emporté plusieurs
fois, il fut rebâti successivement plus ou moins près
de l'endroit où nous le voyons aujourd'hui. Il était
en pierre, lorsqu'en 1296 la rivière devint si haute
que la Cité fut couverte d'eau; le Pont-au-Change
s'écroula dans la Seine, ainsi que les maisons qui
étaient dessus.

La reine Isabeau de Bavière, femme de Charles VI,
lors de son entrée à Paris, en 1389, passa sur le Pont-
au-Change tendu de taffetas bleu à fleurs de lis d'or;
au moment où elle arrivait au milieu du pont, un
homme, tenant un flambeau allumé dans chaque
main, descendit sur une corde fixée au sommet des
tours Notre-Dame, vint poser une couronne d'or sur
la tête de la nouvelle reine de France, puis retourna,
comme s'il eût volé, au lieu d'où il était parti. Méze-
rai, Germain Brice et beaucoup d'autres qui les ont
copiés ont dit, en racontant ce fait, qu'il s'était passé
sur le pont Notre-Dame; ils auraient dû, première-

ment ne pas ignorer que c'était sur le pont aux Changeurs que les rois et les reines avaient coutume de passer dans les grandes cérémonies; deuxièmement, qu'il était difficile de faire une entrée solennelle en 1389 sur un pont qui ne fut bâti qu'en 1413.

Au carnaval, on dressait le long du Pont-au-Change des tables sur lesquelles les amateurs venaient jouer aux dés. Cet usage, fort ancien, fut interrompu en mars 1604. L'Estoile dit à ce sujet, que ceux dudit pont, étant interrogés sur cette suspension des jeux, répondirent malignement : *qu'ils voulaient être sages désormais et bons ménagers puisque le roi* (Henri IV) *leur en montrait l'exemple.* On sait qu'un des défauts de ce roi était de jouer gros jeu.

Dans la nuit du 23 au 24 octobre 1621, le feu ayant pris au pont Marchand, les flammes, poussées par un vent d'ouest, atteignirent aussitôt le pont aux Changeurs qui n'en était séparé que par un espace d'environ cinq toises; le pont aux Changeurs, qui était en bois et couvert de maisons, en moins de trois heures fut réduit en cendres. Le Parlement autorisa des quêtes pour les incendiés.

On ne commença à construire ce pont en pierre, avec les maisons qui le bordaient de chaque côté, qu'en 1639; il ne fut achevé qu'en 1647; on y pouvait cependant passer dès 1645, car j'ai trouvé qu'on avait démoli cette même année le pont de bois qu'on avait construit provisoirement pour faciliter le passage.

Le pont Marchand ne fut pas rebâti, mais on conserva au nouveau pont l'ancienne direction des deux précédents, de sorte qu'il avait une double entrée en forme de fourche du côté de la place du Châtelet.

L'une de ces entrées communiquait au quai de Gèvres et l'autre au quai de la Mégisserie, ce qui forma un groupe triangulaire de maisons dont la façade, qui correspondait au milieu de la voûte du pont, était ornée d'un groupe de trois figures en bronze sur un fond de marbre noir; ce groupe représentait Louis XIII et Marie-Anne d'Autriche son épouse, entre lesquels était Louis XIV, leur fils, âgé de dix ans, couronnés par la Victoire. Au-dessous de ces figures, qui étaient de Simon Gaillain, se trouvait un bas-relief représentant deux esclaves, ouvrage du plus beau style.

Le quai des Morfondus, aujourd'hui de l'Horloge, était autrefois très-étroit; des embarras de voitures amenaient souvent des accidents très-graves. Pour les faire cesser, on acheta, en 1738, les trois dernières maisons du Pont-au-Change; on les abattit et leur emplacement forma un utile dégagement.

En 1788, Louis XVI, par son édit d'emprunt de 30,000,000, affecta la somme de 1,200,000 livres à l'acquisition et démolition des maisons dont ce pont était en grande partie couvert.

Les figures en bronze, dont j'ai parlé, ont été déposées au musée des Petits-Augustins. Ce pont, composé de sept arches, était le plus large de Paris. Il avait 123 mètres 75 cent. de longueur et 32 mètres 60 cent. de largeur. On l'a reconstruit entièrement en 1860, il est beaucoup plus élégant et composé seulement de trois arches. Ce travail remarquable est de MM. de La Galisserie, ingénieur, et Vaudrey, inspecteur, chargés de la reconstruction des ponts. Au bout de celui-ci est placée cette inscription :

PONT-AU-CHANGE

RECONSTRUIT SOUS LE RÈGNE DE NAPOLÉON III

1859-1860

QUAI DESAIX

Entre le Pont-au-Change et le pont Notre-Dame, voyez ce joli quai où se tenait, il y a peu de temps encore, le marché aux Fleurs. En cet endroit était autrefois le *Port-aux-Œufs*, un des plus anciens de Paris. Turgot conçut le projet de construire un quai à cette place. Voici un extrait de son testament :

« *22 avril 1763... Je donne et lègue la somme de cent mille*
« *livres une fois payée à l'Hôtel de ville de Paris, et je prie*
« *MM. les prévôts des marchands et échevins de l'em-*
« *ployer à la construction du quai projeté par mon père,*
« *qui doit prendre au bout du quai de l'Horloge et abou-*

« *tir au pont Notre-Dame, vis-à-vis Saint-Denis de la*
« *Chartre.* »

« *Signé* : Le président TURGOT. »

Les maisons qui séparaient la rue de la Pelleterie
du bord de la Seine, furent démolies et le ministre
de l'intérieur posa la première pierre du quai Desaix
le 24 messidor an VIII (1800). Le général Desaix de
Voycoux (Louis-Charles-Antoine) naquit en 1768 à
Saint-Hilaire d'Ayat, en Auvergne, et fut tué à la
bataille de Marengo le 14 juin 1800. La longueur de
ce quai est de 137 mètres.

MARCHÉ AUX FLEURS

Le marché aux Fleurs était communément appelé
le quai aux Fleurs ; on disait : « Je vais au quai aux
Fleurs ; » il tenait l'emplacement compris entre la
rue de la Pelleterie et le quai Desaix, dont il était
séparé par une rangée de bornes.

Les travaux de ce marché furent exécutés d'après
les ordres de Napoléon Ier, qui fit transférer dans
cet endroit le marché aux fleurs et arbustes, qui se
tenait sur le quai de la Mégisserie. Ce marché fut
inauguré le 16 août 1809 ; il était planté d'arbres dans
toute sa longueur et orné de deux jolies fontaines
de marbre ; le marché aux fleurs se tient les mer-

credis et les samedis de chaque semaine sur le quai Napoléon.

PONT NOTRE-DAME

Avant 1313, on voyait à peu près en cet endroit un petit pont de bois, qui servait de communication à des moulins construits sur la Seine. On le nommait anciennement pont de *la Planche-Mibray*. Ce pont tenait d'un côté à la Cité, près de Saint-Denis de la Chartre, et s'avançait jusqu'aux moulins qui étaient au milieu de la Seine ; le reste du chemin était formé de planches que l'on plaçait et retirait à volonté. Corrozet dit, en parlant de ce pont : *A la rivière de Seine au lieu que l'on dit les planches demy-bray, c'est-à-dire la moitié du bras de la Seine, là avait un pont de bois qui s'adressait à Saint-Denis de la Chartre.* (Voyez ce nom.) Le 31 mai 1413, ce pont fut rebâti en bois, couvert de soixante maisons uniformes, trente de chaque côté de la route ; le roi Charles VI en fut le parrain et frappa sur le premier pieu. Le Dauphin, les ducs de Berri et de Bourgogne et le sire de la Trémoille eurent part à la cérémonie ; il fut nommé *pont Notre-Dame,* et ne fut achevé qu'en 1421.

Le vendredi 25 octobre 1499, à neuf heures du matin, le pont Notre-Dame s'entr'ouvrit, et les maisons s'écroulèrent avec un fracas horrible. Ce malheur arriva par suite de la négligence et de la cupidité des magistrats de la ville. Le Parlement manda bientôt à sa barre le prévôt des marchands, les échevins, et les fit emprisonner ; par arrêté du 5 janvier 1500, il destitua Jacques Piédefer, prévôt des marchands, Antoine Malingre, Louis du Harlay, Pierre Turquant et Bernard Ripault, échevins, les déclara incapables d'exercer à l'avenir aucune fonction, et les condamna à de fortes amendes. Ils moururent tous en prison.

Le roi accorda, pour les frais de la reconstruction du pont, 6 deniers pour livre à prendre pendant six ans aux entrées de Paris sur tout le bétail à pieds fourchés, sur le poisson de mer et le sel. En attendant son achèvement, un bac fut établi malgré les obstacles que suscita l'abbé de Saint-Germain des Prés.

Jean Joconde, cordelier, qui avait déjà présidé à la construction du Petit-Pont, fut chargé de diriger les travaux de celui-ci, qui fut bâti en pierre et achevé en 1512. Sur une des arches était gravé ce distique en l'honneur du savant architecte :

Jocundus geminos posuit tibi Sequana pontes,
Nunc tu jure potes dicere pontificem.

Soixante et une maisons furent construites sur les côtés de la route de ce pont. Sous le règne de

Henri II, en 1548, ces maisons étaient louées 60 livres chacune, et la ville s'y réservait le premier étage pour les jours des solennités ou fêtes publiques : ce fut sur le pont Notre-Dame que l'infanterie ecclésiastique de la Ligue fut passée en revue par le légat, le 3 juin 1590. Capucins, moines, cordeliers, jacobins, carmes, feuillants, etc., tous, la robe retroussée, le capuchon bas, le casque en tête, la cuirasse sur le dos, l'épée au côté et le mousquet sur l'épaule, marchaient quatre par quatre, le révérend évêque de Senlis à leur tête avec un esponton (demi-pique d'infanterie), les curés de Saint-Jacques de la Boucherie et de Saint-Côme faisaient les fonctions de sergents-majors. Quelques-uns de ces miliciens d'un nouveau genre, sans penser que leurs fusils étaient chargés à balles, voulurent saluer le légat et tuèrent à côté de lui un de ses aumôniers. Son Éminence épouvantée s'écria : *Mes amis, le soleil de juin est trop chaud, il m'incommode;* puis il leur donna sa bénédiction et s'en alla.

Péréfixe rapporte, dans la *Vie de Henri IV,* que ce prince, passant sur le pont Notre-Dame, après la paix de Vervins, l'ambassadeur d'Espagne s'étonna de la grande foule de peuple qui s'y trouvait et qui fermait presque le passage, de sorte que Sa Majesté était fort pressée; Henri IV lui répondit : *Monsieur l'ambassadeur, ce n'est rien; il faut voir ce peuple le jour d'une bataille, il me presse bien davantage!*

C'est sur ce pont que Charles IX fit sa rentrée dans la capitale, le 16 mars 1570. Il venait d'épouser Élisabeth, fille de Maximilien II. Le pont était orné magnifiquement et couvert d'une draperie brillante qui formait le plafond. Il fut encore décoré pour l'entrée de la reine Marie-Thérèse d'Autriche, le 26 août 1660. Le pont Notre-Dame fut réparé à diverses époques, notamment en 1659.

En 1786, les maisons qui étaient dessus furent supprimées, la montée, qui était très-rapide, fut adoucie et les côtés garnis de parapets et de trottoirs. En 1793, on l'appelait le *Pont de la Raison;* sur ce pont on voyait encore, en 1859, la pompe dite de Notre-Dame, espèce de grande tour carrée d'un aspect assez désagréable, bâtie en 1670 et reconstruite en 1708. Par l'effet de deux machines hydrauliques dues à Daniel Joly et Demance, le volume des eaux de Paris fut augmenté de quatre-vingts pouces.

La porte qui servait d'entrée à la pompe, était décorée d'un ordre ionique du dessin de Bullet, et ornée d'un bas-relief de Jean Goujon, lequel bas-relief était autrefois dans le Marché-Neuf, et représentait un fleuve et une naïade d'un très-élégant dessin.

Ce pont fut réparé en 1861.

QUAI NAPOLÉON

Le quai Napoléon commence au pont Notre-Dame et va jusqu'à celui de la Cité. En 1313, il portait le nom de *port Saint-Landry,* à cause de l'église Saint-Landry qui était près de là, comme on le verra. Il fut réparé et revêtu d'un mur que le chapitre de Notre-Dame fit élever en 1582; la ville fit refaire ce quai à la sollicitation de M. Sanguin, conseiller à la Cour des aides ; en 1853, ce quai fut baissé d'environ 2 mètres. Dans un bail de 1638, il est indiqué sous le nom de *quai des Armes de Blondci.* Près de la rue des Chantres était la fameuse porte d'Enfer. (Voyez la rue de ce nom.)

En 1804, les maisons qui bordaient la Seine furent démolies pour faire un quai de 14 mètres de largeur qu'on nomma *quai Napoléon.* Les travaux de cette voie, quelque temps suspendus, furent repris en 1808.

En 1816, la Restauration le débaptisa du nom de Napoléon et lui fit prendre celui de *quai de la Cité.* En janvier 1834, il reprit la dénomination de *quai Napoléon.* Les jours de marché aux fleurs, les arbustes sont étalés sur le quai Napoléon qui a 428 mètres de longueur.

PONT D'ARCOLE

S'étend de la place de l'Hôtel-de-Ville au quai Napoléon ; il fut commencé en 1828 et livré à la circulation le 21 décembre de la même année. M. Desjardins en obtint la concession pour quarante-cinq années, à partir du 1er janvier 1831 jusqu'au 2 janvier 1876. Ce pont, qui ne servait qu'aux piétons, était suspendu en chaînes de fer et reposait sur un pilier placé au milieu de la rivière. Il prit d'abord le nom de *pont de la Grève,* parce qu'on appelait la Grève le quai qui borde l'Hôtel de ville. Le 28 juillet 1830, je fus témoin des scènes sanglantes de la guerre civile entre la garde du roi et le peuple de Paris qui, au milieu de la mitraille que vomissaient deux pièces d'artillerie, traversa le pont et s'empara des Suisses et de l'artillerie qui occupaient la place de Grève ; en mémoire de cet acte d'héroïsme, on donna au pont de la Grève le nom de *pont d'Arcole.* Quelques personnes se sont trompées sur l'étymologie de ce nom en disant qu'il est celui d'un jeune homme nommé d'Arcole, qui fut tué en plantant un drapeau sur la voûte de ce pont. Si le nom de d'Arcole avait été assez important pour le donner à un monument, comment aurait-on omis de le mettre sur la colonne de Juillet, où sont inscrits les noms des victimes les plus connues des journées des 27, 28 et 29 juillet? Je sais d'ailleurs que celui qui planta le drapeau ne se nommait pas d'Arcole. On voyait encore, il y a peu de temps, sur ce pont, plusieurs chaînes mutilées par la mitraille, et la maison du quai Napoléon n° 25 conserve encore les traces du canon royal.

En 1855, on reconstruisit le pont d'Arcole tout en fer, d'une seule travée et sur lequel toutes espèces de voitures peuvent passer.

PONT LOUIS-PHILIPPE

Commence sur le quai, vis-à-vis la rue Louis-Philippe, et se termine sur le quai Napoléon. Une ordonnance royale du 13 août 1833 a autorisé la construction de ce pont, dont MM. Callou, Collin et Séguin frères ont été déclarés concessionnaires. Commencé en 1833, sous la direction de MM. Séguin frères, il a été inauguré le 26 juillet 1834; le terme de la concession était de quarante-neuf années, qui ont commencé au 13 août 1835 et devaient expirer au 13 août 1884.

Ce pont, dont Louis-Philippe posa la première pierre, était suspendu, en fils de fer, et appuyé sur la pointe occidentale de l'île Saint-Louis. Les voitures suspendues pouvaient seules passer sur ce pont qui fut payant jusqu'en 1848 ; la même année, le feu prit au bout de ce pont du côté de la Cité, les chaînes se rompirent et toute cette travée tomba dans la Seine. Il fut réparé provisoirement, et, pendant l'année 1861, on le rebâtit tout en pierre et d'une forme très-élégante ; il s'avance dans l'intérieur de l'île Saint-Louis qu'il coupe pour s'annexer au pont de la Cité.

PONT DE LA CITÉ.

Une communication de la Cité avec l'île Saint-Louis, appelée alors l'île Notre-Dame, était indispensable. On construisit un pont de bois sur le petit courant qui sépare les deux îles ; quelques oppositions, de la part du chapitre de Notre-Dame, suspendirent cet ouvrage. On fut donc obligé de changer sa direction ; voici celle qu'on lui fit prendre : il partait de la pointe occidentale de l'île Saint-Louis, venait aboutir dans la Cité, à peu près à l'endroit où est la maison n° 11 sur le quai Napoléon, puis formait un angle obtus d'environ vingt toises jusqu'à la rue des Chantres ; à la porte d'Enfer, entre le pont et le quai, il y avait un espace de cinq mètres. On le nommait le *pont de Bois*.

Le 5 juin 1634, trois processions passant ensemble

sur ce pont pour se rendre à l'église Notre-Dame occasionnèrent une si grande foule que deux balustrades du côté de la Grève furent rompues, et que le pont entier fut sur le point d'être enfoncé; vingt personnes perdirent la vie et quarante furent blessées. En 1636, à l'occasion du jubilé, le Parlement ordonna qu'on mettrait, pour prévenir un semblable accident, des barrières aux ponts de bois. Ce pauvre pont fut si fort endommagé par les glaces, en 1709, qu'on fut obligé l'année suivante de le détruire; il ne fut rétabli qu'en 1717. Comme on le peignit alors en rouge, on le nomma le *Pont-Rouge*; il n'y avait point de maisons dessus et il n'y passait aucune voiture. On avait accordé pour sa construction un péage que le roi a cédé à la ville, ainsi que le pont, en dédommagement des douze maisons abattues au Marché-Neuf.

Dans les premières années de la Révolution de 1789, le Pont-Rouge fut emporté par les eaux. Une loi du 24 ventôse an IX (le 15 mars 1801) ordonna la construction d'un nouveau pont, tenant d'un bout à la rue Bossuet, dans la Cité, et de l'autre à la rue Saint-Louis-en-l'Ile. Les travaux furent exécutés sous la direction de M. Demoutier, ingénieur, et aux frais d'une Société anonyme dont la concession, avec droit de péage, ne devait expirer qu'au 30 juin 1897. Dans le courant de 1842, ce pont tombait en ruine et les concessionnaires furent autorisés à le convertir en une passerelle suspendue en fils de fer et n'ayant qu'une seule travée. Les travaux furent achevés au mois de décembre de la même année. Cette passerelle, qui prit le nom de *pont de la Cité*, fut à chaque bout ornée d'un portique en voûte sculpté aux quatre faces dans le goût gothique. Il fallait monter deux marches pour entrer sur le pont, ce qui le rendait inaccessible aux voitures. En 1861, ce pont fut démoli et remplace par un autre tout en fer, d'une seule travée et propre aux gens de pied comme aux voitures de toutes sortes. Il porte aujourd'hui le nom de *pont Saint-Louis*.

QUAI DE L'ARCHEVÊCHÉ

Ce quai commence au pont de la Cité et finit au Pont-au-Double. La plus grande partie de ce quai était autrefois occupée par les jardins des chanoines. La pointe orientale de ce quai, s'avançant dans la rivière et coupant le fil de l'eau, se nomme *le Terrain*, formé par succession de temps des gravois et décombres de l'église Notre-Dame. Ce terrain factice s'appelait, en 1258, la *Motte aux Papelards*, par dérision, parce que les prêtres venaient s'y promener. En 1356, il se nommait *le Terrail*. C'était encore, au xvᵉ siècle, un espace inculte qui se terminait en pente douce.

Les troubles qui agitèrent le royaume sous le règne

de Charles VI excitèrent la vigilance du chapitre, par les ordres duquel on y veillait la nuit.

Ce terrain était entièrement interdit aux dames. Cependant, en 1407, Charlotte de Savoie, seconde femme de Louis XI, y vint débarquer et fut complimentée par l'évêque et par le Parlement.

En cet endroit était une rue qui communiquait du cloître à la Seine, à peu près dans une direction du levant au couchant. Lorsque le Terrain fut environné de murs, on laissa à l'un de ses côtés un passage pour conduire les chevaux à la rivière, ce qui lui fit donner le nom de *rue de l'Abreuvoir*.

Le côté méridional du quai de l'Archevêché se nommait, en 1282, *le port l'Évêque;* en 1804, *quai Catinat.* Nicolas Catinat naquit à Paris en 1637, fut fait lieutenant général en 1688, maréchal de France en 1693, et mourut à sa terre de Saint-Gratien en 1712. Ce quai prit quelque temps après le nom de *l'Archevêché.* On y arrive par le pont de l'Archevêché et par le Pont-au-Double.

PONT DE L'ARCHEVÊCHÉ

Donne d'un bout au quai de l'Archevêché, et de l'autre au quai Montebello, en face de la rue de Bièvre.

Une ordonnance royale du 6 décembre 1827 a autorisé la construction de ce pont, qui fut quelque temps soumis au péage. Commencé en 1828 , il a été livré à la circulation le 4 novembre de la même année. M. Desjardins en a été déclaré concessionnaire pour quarante-cinq années, qui ont commencé le 1ᵉʳ janvier 1831 et devaient expirer le 1ᵉʳ janvier 1876.

Ce pont, construit en maçonnerie, est composé de trois arches et doit sa dénomination au quai où il prend naissance. On pouvait traverser les deux ponts de l'Archevêché et Louis-Philippe en ne donnant qu'une rétribution de cinq centimes. Depuis Napoléon III, on ne paye plus.

PONT-AU-DOUBLE

Sert de communication entre la place du Parvis-Notre-Dame et le quai Montebello.

Ce pont était fini en 1634 ; des lettres patentes de Louis XIII, datées de Fontainebleau, au mois de mai de la même année, ordonnent que les gens de pied qui passeraient sur ce pont payeraient un double tournois (le double valait deux deniers) et les gens à cheval six deniers ; mais ceux-ci n'y passaient jamais, pour une bonne raison, c'est qu'il y avait une barrière ou tourniquet qui n'en laissait l'entrée libre qu'aux piétons. Comme le péage fixé par Louis XIII subsista longtemps, ce pont a retenu le nom de *Pont-au-Double*; il a aussi porté celui de *pont de l'Hôtel-Dieu*. Lorsque les deniers n'eurent plus cours, on donna un liard pour ce droit que la République supprima.

En 1835, la pente de ce pont fut adoucie, et les voûtes ou bâtiments dont il était couvert furent abattus. Les voitures passent sur le Pont-au-Double; ce pont est garni d'un côté d'une grille de fer à travers laquelle on voit le pont Saint-Charles, qui est dans l'intérieur de l'Hôtel-Dieu.

RUE DE L'ARCHEVÊCHÉ

La petite rue, si on peut appeler cela une rue, qui du Pont-au-Double aboutit à la place du parvis Notre-Dame, se nommait, en 1282, *rue du Port-l'Evêque*, puis *rue des Bateaux*. En 1830, elle portait encore le nom de *rue de l'Archevêché*; aujourd'hui, elle se trouve confondue avec le quai de l'Archevêché.

ENTRÉE DE L'HÔTEL-DIEU

CHAPITRE III

HOTEL-DIEU

L'opinion la plus commune en fait honneur à saint
Landry, huitième évêque de Paris, qui, pendant une
grande famine arrivée, dit-on, vers l'an 650, donna
d'amples secours aux pauvres : c'est de cette action
très-louable qu'on a induit que ce saint évêque avait
ondé l'Hôtel-Dieu. A cet hospice tenait un monastère

de filles dont Landetrude était abbesse en 690. Outre les malades, on y recevait encore les voyageurs pèlerins et les gens sans asile.

Adam, clerc du roi, fit don à cet hôpital, à la fin du XIIe siècle, de deux maisons dans Paris, avec cette condition singulière, qu'on fournirait, aux jours de son anniversaire, aux pauvres malades, tous les mets qu'ils pourraient désirer.

Philippe-Auguste est le premier de nos rois qui ait fait quelques libéralités à l'Hôtel-Dieu. Dans une de ses lettres, on lit : « Nous donnons à la maison de Dieu de Paris, située devant l'église de la bienheureuse Vierge Marie, pour les pauvres qui s'y trouvent, toute la paille de notre chambre et de notre maison de Paris, chaque fois que nous partirons de cette ville pour aller coucher ailleurs. » L'évêque Maurique et son chapitre arrêtèrent, d'un commun accord, qu'au décès de l'évêque ou d'un chanoine, leur lit appartiendrait à l'Hôtel-Dieu.

Saint Louis est regardé à juste titre comme le bienfaiteur de cet hôpital qui, d'après son désir, prit le nom d'*hôtel de Notre-Dame* ou *de la bienheureuse Vierge Marie*, en échange de celui de *Saint-Christophe* qu'il portait. C'est encore saint Louis qui exempta l'Hôtel-Dieu de toutes contributions. En 1535, le cardinal Duprat, légat du Pape, y fit construire, entre les anciens bâtiments et le Petit-Pont, une grande salle qui retint longtemps le nom de *salle du Légat*.

En 1737 et en 1772, deux incendies causèrent de grands ravages à l'Hôtel-Dieu ; dans le dernier surtout, un grand nombre de malades périrent. Les lits étaient entassés dans les salles et les malades entassés dans les lits ; il y en avait souvent quatre, et quelquefois six, couchés ensemble. On a même vu, dans quelques occasions extraordinaires, placer les malades les uns sur les autres, par le moyen de matelas mis sur une sorte d'impériale à laquelle on ne montait que par une échelle. C'est à Louis XVI que les malades doivent d'être couchés seuls dans un lit. Sous la république de 89, l'Hôtel-Dieu s'appela *le Grand Hospice de l'Humanité*.

Après l'incendie de 1772, on reconstruisit l'Hôtel-Dieu tel qu'il est aujourd'hui. Autrefois l'entrée principale était située au bout du Petit-Pont, du côté de la rue de la Cité ; cette entrée fut supprimée en 1804. Dans l'intérieur de l'Hôtel-Dieu, on traverse la Seine sur le *pont Saint-Charles*, qui est couvert et qui conduit dans le bâtiment du midi, en passant sous le quai Montebello.

En 1838, l'édilité parisienne, pour continuer la ligne des quais sur la rive gauche de la Seine, a exigé le dédoublement du bâtiment Saint-Charles, qui était contigu à la rivière, et le nombre des lits que perdait l'hôpital, par suite de ce rétrécissement, a été reporté dans des constructions nouvelles élevées dans l'enclos Saint-Julien, de l'autre côté de la rue de la

Bucherie. Il résulte de ces dispositions que, pour arriver du bâtiment de la rive droite au bâtiment Saint-Charles, il faut traverser une passerelle, et que, pour parvenir à la partie de l'hôpital située dans l'enclos Saint-Julien, il faut encore traverser le pont volant établi sur la rue de la Bucherie.

La nature de ces communications, l'éloignement des bâtiments de la rive gauche de celui de la rive droite, où sont placés tous les services généraux, le nombre et l'élévation des étages, rendent le service extrêmement difficile, et diminueront sensiblement le regret de la démolition et du déplacement prochain de l'Hôtel-Dieu.

PETIT-PONT

Il sert de communication aux rues de la Cité et Saint-Jacques, entre les quais Montebello et Saint-Michel. Le premier pont bâti dans Lutèce fut le Petit-Pont. Il était en bois avant la domination romaine ; il fut détruit par les Gaulois et rebâti par les Romains. En 1185, on le refit en pierre, grâce à la libéralité de Maurice de Sully, évêque de Paris.

Jean, surnommé *de Petit-Pont,* parce qu'il l'avait bâti et qu'il y demeurait, était chef d'une secte philosophique de ce temps. Au midi du Petit-Pont était le

Petit-Châtelet et au nord il y avait une porte. Ce pont fut emporté par une inondation en 1196 et rétabli quelque temps après ; il ne put, en 1205, résister à un autre débordement dont parle Guillaume le Breton : « En décembre, dit-il, il y eut une si grande inondation que, depuis un siècle, on n'en avait vu de pareille. » Le Petit-Pont de Paris s'écroula, l'eau s'élevait jusqu'au second étage des maisons ; pour communiquer de l'une à l'autre, on se servait de bateaux. Il éprouva le même sort en 1280, 1296, 1325, 1376 et 1393 ; en 1395, on le reconstruisit avec l'argent de plusieurs Juifs qu'on avait condamnés à l'amende. Ce pont tomba encore en 1405 et en 1407 ; le roi Charles VI en posa la première pierre au mois de juin suivant ; il ne fut achevé qu'en 1409, à la Saint-Martin. Ce pont était couvert de maisons neuves qui avaient chacune leur nom : celle du milieu s'appelait l'hôtel de Haute-Bruyère ; tout près était la maison du Chat-qui-Pêche ; sous le pont il y avait des moulins.

En 1618, une fusée tirée de l'île Notre-Dame (île Saint-Louis), tomba sur un bateau chargé de foin et y mit le feu, qui se communiqua ensuite à six autres ; mais heureusement il n'y eut rien de brûlé sur les ponts. Celui-ci fut presque ruiné par les grands débordements de la rivière en 1649, 1651 et 1658 ; l'inscription qui devait perpétuer le souvenir de ce dernier sinistre marquait que l'édifice avait été réparé à grands frais sous la prévôté de M. de Sève, en 1659.

L'année 1718 est marquée par un événement funeste arrivé le 27 avril, à sept heures un quart du soir. C'étaient deux bateaux chargés de foin, auxquels le feu avait pris par un accident causé par la crédulité d'une mère dont l'enfant s'était noyé au-dessous du pont de la Tournelle ; la malheureuse pria Dieu de lui rendre son fils ; dans l'exaltation de son amour maternel, elle eut recours à un pain de saint Nicolas de Tolentin, au milieu duquel elle plaça un cierge allumé qu'elle abandonna dans une sébile de bois au cours du fleuve ; la pauvre mère espérait, selon une croyance populaire d'alors, que l'écuelle de bois s'arrêterait à l'endroit où le corps de son fils avait disparu. Cette sébile fut portée vers un groupe de deux bateaux de foin auxquels le cierge allumé mit bientôt le feu. On coupa imprudemment les câbles au-dessous du pont de la Tournelle ; les deux brûlots, libres alors, se suivirent de près et s'arrêtèrent sous une arche du Petit-Pont ; malgré la promptitude des secours, le feu prit au pilotis des habitations qui l'environnaient : le pont lui-même et les maisons qui étaient dessus s'écroulèrent dans les flots ; le Parlement, pour soulager les incendiés, fit une quête qui produisit 111,898 livres 9 sous 9 deniers ; le pont fut reconstruit en pierre tel que nous le voyons, mais on n'a pas reconstruit les maisons. Ce pont, composé de trois arches à plein cintre, n'offre rien de remarquable. Mais, lorsqu'on en connaît l'origine, que de pensées viennent se croiser : on se représente les premiers habitants de Lutèce construisant ce pont pour parvenir plus facilement dans leur île.

Ce même pont fut détruit et rebâti quinze ou seize fois par les Gaulois, par les Romains et par les Francs.

MARCHÉ NEUF

ET QUAI DU MARCHÉ-NEUF

En 1560, les commissaires du conseil, pour la réformation des halles, ordonnèrent aux prévôts des marchands et échevins de construire le *quai Saint-Michel* et d'y faire un marché, ce qui fut exécuté en 1566. On bâtit dix-sept boutiques, ainsi qu'une halle pour le poisson et deux boucheries aux deux extrémités ; tous ces bâtiments furent finis en 1568, et le 4 juin de cette même année, on ordonna aux marchands de poisson et d'herbes, qui se tenaient près du Petit-Châtelet, de venir s'établir dans ce nouveau marché. La *rue de l'Orberie* prit à cette occasion le nom de *rue du Marché-Neuf* ; les maisons, appartenant à la ville, qui bordaient ce quai, furent remplacées par un parapet ; le roi accorda le péage du Pont-Rouge à la ville, à titre d'indemnité. La partie de la rue du Marché-Neuf, comprise depuis la rue de la Barillerie jusqu'au bout dudit marché, prit, en 1840, le nom de *quai du Marché-Neuf*. La boucherie du côté oriental devint un corps de garde qui n'existe plus, et l'emplacement de l'autre boucherie, près du pont Saint-Michel, sert aujourd'hui à déposer les noyés et les asphyxiés, sous le nom de *Morgue*.

LA MORGUE

(*Morgue* est un vieux mot français qui signifie visage.) A Paris, les corps inconnus furent exposés jusqu'en 1804 dans la basse geôle ou morgue, dépendant de la prison du Grand-Châtelet (où se trouve aujourd'hui le Théâtre impérial du Châtelet). A cette époque fut construit le bâtiment qu'on voit aujourd'hui sur le quai du Marché-Neuf. C'est un édifice isolé, sur le bord de la rivière, dont le toit a la coupe d'un tombeau antique. Une des deux salles, destinée à l'examen anatomique, est interdite au public; l'autre sert à exposer les corps morts. Ce lugubre monument fut témoin, dans la soirée du 30 juillet 1830, d'un triste et funèbre spectacle. Au bas de la Morgue, un grand bateau, sur lequel flottait un drapeau noir, reçut les cadavres de cent vingt-cinq victimes qui avaient succombé la veille. On les descendait sur des civières, on les rangeait par piles ; on y voyait des enfants de dix à douze ans, des femmes, des vieillards. La foule, qui bordait les parapets sur les deux rives de la Seine, muette et silencieuse en contemplant cette funeste cargaison de cadavres, paraissait glacée d'horreur. Du milieu de ce silence de la mort partirent des cris de douleur. C'était une malheureuse femme qui venait de reconnaître son mari qui n'était pas rentré la veille.

Ce funèbre bateau fut conduit vers le Champ-de-Mars, où les restes de ces victimes furent enterrés jusqu'à l'époque où ils furent transférés sous la colonne de Juillet. On avait placé sur leur tombe une simple croix de bois portant l'inscription suivante :

A LA MÉMOIRE DES FRANÇAIS MORTS POUR LA LIBERTÉ
LES 27, 28 ET 29 JUILLET 1830.

France, dis-moi leurs noms ; je n'en vois point paraître
Sur ce funèbre monument.
—Ils ont vaincu si promptement,
Que j'étais libre avant de les connaître !

Je garde le silence sur les tristes tableaux que l'on voit à la Morgue. Elle va être très-prochainement placée derrière l'église Notre-Dame, sur le Terrain, au bord de la rivière.

PONT SAINT-MICHEL

Il conduit de la rue de la Barillerie à la place Saint-Michel. Ce pont, d'abord construit en pierre et couvert de maisons, ne fut terminé qu'en 1387, sous Charles VI ; il fut d'abord appelé *Petit-Pont,* ensuite *Petit-Pont-Neuf,* et simplement *Pont-Neuf.* Cet édifice, mal construit, fut, le 31 janvier 1407, entraîné par les glaçons qu'un hiver rigoureux avait amoncelés. Il fut rebâti en pierre cette même année. En 1424, il prit la dénomination de *pont Saint-Michel,* en raison de sa proximité de la chapelle de ce nom. Le 10 décembre 1547, il fut emporté par les glaces et rebâti en bois ; détruit une troisième fois, le 30 janvier 1616, plusieurs particuliers s'offrirent de le faire reconstruire en pierre, à leurs dépens, et d'élever dessus trente-deux maisons d'égale structure, ce qui leur fut accordé, par arrêt du conseil du 4 août 1616, pour en jouir pendant soixante années, à la charge d'en payer un écu d'or de redevance annuelle pendant ledit temps, lequel passé, la propriété en demeurerait au roi. En 1657, on modifia les termes, de cette convention. En 1672, le roi abandonna la propriété de ce pont moyennant une somme de 200,000 livres 12 deniers de cens et 20 sous de rentes par chacune des trente-deux maisons, lesquelles étaient en brique et à quatre étages. En 1809, les maisons qui couvraient le pont Saint-Michel furent démolies par ordre de Napoléon Ier. Ce pont était composé de quatre arches à plein cintre; au-dessus de la pile du milieu, on voyait, avant la Révolution de 1789, la statue équestre de saint Michel, dont il restait encore quelques traces en 1850.

En 1860, on rebâtit le pont Saint-Michel tout en pierre, composé de trois arches et élégamment décoré de couronnes de lauriers dans lesquelles sont des N. A chaque bout de ce pont, on lit cette inscription :

PONT SAINT-MICHEL

reconstruit en 1860

SOUS LE RÈGNE DE NAPOLÉON III

RUE DE LA BARILLERIE

Elle commence au bout du pont Saint-Michel, entre les quais du Marché-Neuf et des Orfévres, finit au Pont-au-Change, entre le quai de l'Horloge et celui de Desaix. Elle formait jadis trois rues, sous trois noms différents que voici : la partie qui comprend la distance entre le Pont-au-Change et la place du Palais se nommait, en 1220, *rue Saint-Barthélemy* (voyez ce nom) ; en 1636, *rue du Prieuré-Saint-Barthélemy*, parce que l'église paroissiale et royale de ce nom y était située ; depuis la place du Palais jusqu'à la rue de la Calandre, elle portait encore, en 1700, le nom de *rue Saint-Éloi*, à cause de l'église Saint-Éloi, qui ouvrait sur cette rue ; la troisième partie, qui prenait de la rue de la Calandre au pont Saint-Michel, était appelée, avant 1280, *Barilleria*; Jaillot la nomme *la Grant Bariszerie*, pour la distinguer d'une ruelle de la Barillerie qui lui était parallèle, et qui conduisait de la rue de la Calandre à la rivière, à l'endroit où est aujourd'hui la Morgue. On ne connaît plus que la Grande-Barillerie. Cette partie se nommait, en 1398, *rue du pont Saint-Michel*. Le pont prenait son nom de la chapelle Saint-Michel, devant laquelle cette rue passait alors (voyez *Chapelle Saint-Michel*).

C'est par erreur ou par plaisanterie que Corrozet et Robert Cénal l'appellent *rue de la Babillerie*. Le nom de *Barillerie* lui vient des barilliers ou tonneliers qui l'habitaient et qui suffisaient à peine pour l'immense quantité de vin que produisait le Parisis depuis que Brennus y avait apporté d'Italie la vigne en trophée; les trois rues dont je viens de parler ont pris de la plus ancienne la seule dénomination de rue de la Barillerie. En face de la petite porte du Palais était l'église Saint-Barthélemy.

ÉGLISE SAINT-BARTHÉLEMY

Construite sur l'emplacement d'une chapelle du même nom, qui existait à la fin du ve siècle, elle fut réparée, en 890, par le comte Eudes ; elle fut nommée ensuite *Saint-Magloire* et reprit plus tard le nom de *Saint-Barthélemy* ; elle était paroisse royale en 1140. Au chevet de cette église était l'ancienne chapelle de Notre-Dame-des-Voûtes, où l'on entrait par la ruelle du Prieuré, fermée en 1315 ; cette chapelle fut renfermée dans l'église en 1525, et prit le nom de *Notre-Dame de la Fontaine* ; on répara avec soin l'église Saint-Barthélemy en 1550, et, en 1772, on travaillait à la reconstruire entièrement, mais elle ne fut pas achevée.

Je profite de cet article pour raconter l'anecdote suivante : Robert, fils de Hugues Capet, avant d'épouser Berthe, sa cousine issue de germain, fit une assemblée d'évêques pour savoir s'il lui fallait des dispenses ; leur avis fut qu'il n'en avait pas besoin, ou qu'en tout cas ils pouvaient les donner. Deux ans après, Grégoire V ayant été élu pape, tint à Rome un concile dont le premier décret attaqua ce mariage, et fut conçu dans ces termes : « Que le roi Robert et Berthe, sa parente, qui se sont mariés contre les lois

de l'Eglise, aient à se séparer et à faire une pénitence
de sept ans, et qu'Archambaut, archevêque de Tours,
qui leur a donné la bénédiction, et les autres évêques
qui ont assisté à ce mariage incestueux, soient inter-
dits de la communion jusqu'à ce qu'ils soient venus à
Rome faire satisfaction au Saint-Siége. » Robert aimait
sa femme, elle était enceinte et il lui paraissait af-
freux de la déshonorer, elle et l'enfant auquel elle allait donner le jour. Il refusa d'obéir, fut excommunié
et l'on vit aussitôt, non-seulement le peuple, mais
même les gens de la cour se séparer de leur roi : il ne
lui resta que deux domestiques; encore faisaient-ils
passer par le feu, pour les purifier, les plats où il avait
mangé et les vases où il avait bu. Un matin qu'il était
allé, selon sa coutume, dire ses prières à la porte de
l'église Saint-Barthélemy, car il n'osait pas y entrer,
Abbon, abbé de Fleury, suivi de deux femmes du palais qui portaient un grand plat de vermeil couvert
d'un linge, l'aborde, lui annonce que Berthe vient d'ac-
coucher et découvrant le plat: « Voyez, lui dit-il, les
effets de votre désobéissance aux décrets de l'Eglise et
le sceau de l'anathème sur ce fruit de vos amours. »
Robert regarde et voit un monstre, disent Pierre Da-
mien et Romuald, qui avait le cou et la tête d'un ca-
nard. Croira-t-on que par le plus abominable complot,
dans l'idée d'obliger ce prince à se soumettre et pour
fortifier en même temps parmi le peuple la terreur
qu'inspiraient les excommunications, on ait substitué

ce monstre au véritable enfant? Il est plus naturel de penser qu'une masse de chair d'une figure bizarre a pu se former au sein d'une femme dévorée de chagrin pendant sa grossesse et dont l'imagination était troublée par les menaces du Pape. Berthe fut répudiée: Robert épousa Constance de Provence, dont le caractère altier, cruel et vindicatif, exerça si souvent sa patience et causa tant de troubles dans l'État, qu'il ne parut pas que la bénédiction du ciel se fût répandue sur ce second mariage.

A l'époque de la Révolution, l'église Saint-Barthélemy, devenue propriété nationale, fut vendue, et démolie en 1791. Sur son emplacement, on établit le Théâtre de la Cité.

THÉATRE DE LA CITÉ

Il fut construit en 1791 par l'architecte Lenoir. La salle, qui était une des plus vastes de Paris, et qui devait porter le nom de *Henri IV*, ouvrit le samedi 20 octobre 1792, sous le titre de *Théâtre du Palais-Variétés*, par une représentation au profit des braves Lillois. On jouait ce jour-là *Tout pour la liberté*, opéra-vaudeville en un acte par M. Tissot. La troupe était composée de MM. Dumaniant, Saint-Clair, Pélissier, Beaulieu, Barotteau, Saint-Preux, Fleury, Frogère, de la

Porte, Duval, Raffile, Frédérik, Hippolyte, Roseville, Saint-Romain, Dubois, Stoklet, Tautin, Tiercelin, etc., de mesdames Saint-Clair, Chénier, Lacaille, Guyot, Arnould, Dumoulin, Jenny, Dubois, Bourgeois, etc. (Voir pour les détails l'*Histoire des théâtres*, par le même auteur.) L'année suivante, elle prit le titre de *Cité-Variétés*. On y jouait le vaudeville, la comédie et la pantomime ; là jouèrent Tiercelin et Brunet. Plus tard, le drame se glissa dans le répertoire de la Cité, le chant en disparut et la comédie y devint tout à fait accessoire ; le drame et la pantomime entraînèrent la chute de l'administration en 1799.

La troupe de Picard se fixa à la Cité, en 1800, après le premier incendie de l'Odéon ; après y avoir attiré quelque temps la foule, elle quitta ce théâtre pour prendre possession de la salle Louvois. Ribié tenta sans succès d'exploiter ce théâtre en 1801. On y vit ensuite les funambules Ravel et Forioso. Les auteurs qui travaillaient le plus pour ce théâtre étaient : Dumaniant, Picard, Pigault-Lebrun, Desforges, Dumersan, Beffroy de Rigny, Aude, Dorvigny, Ducray-Duminil, Armand Gouffé, Georges Duval, Rougemont, etc. En 1802, des chanteurs allemands exploitèrent la salle du Théâtre de la Cité qu'ils appelèrent *Théâtre de Mozart*. Vers la fin de 1805, l'acteur Beaulieu tenta de relever ce théâtre ; n'ayant pu y réussir, il se brûla la cervelle au deuxième étage, sur le devant, dans la maison du café. En 1807, les acteurs des *Variétés* s'installèrent provisoirement au *Théâtre de la Cité* pendant qu'on leur construisait un théâtre boulevard Montmartre. Après la suppression de divers théâtres, celui de la Cité, qui avait porté le nom de *Théâtre de la Raison,* fut transformé en un établissement qui prit le nom de *Veillées de la Cité;* plus tard, on en fit une salle de danse sous le nom de *Prado.* Le foyer public et plusieurs autres pièces ont été affectées à des loges de franc-maçonnerie. Dans la plus belle, Napoléon Iᵉʳ et Joséphine assistèrent à une fête d'adoption donnée par le maréchal Lannes et le général Poniatowski, qui tous deux étaient vénérables de loges.

LE PRADO

Le Prado fut pendant longtemps le rendez-vous des étudiants et des grisettes affranchies. Ce lieu était défendu par la prudence et la morale à quiconque avait l'estime de soi-même, les danses en étaient indécentes et répréhensibles. Ce bal fut démoli et, sur son emplacement, on vient de construire le Tribunal de Commerce. Il y avait sous le Prado deux passages faisant la croix, le passage du *Prado* qui ouvrait sur la rue de la Barillerie, et le passage de *Flore* ouvrant sur le quai aux Fleurs.

5.

PYRAMIDE DE JEAN CHATEL

CHAPITRE IV

PLACE DU PALAIS-DE-JUSTICE

En face le Palais-de-Justice, au bout de la rue de
Constantine, il y avait encore, au mois de janvier 1861,
une petite place demi-circulaire, nommée *place du Palais-de-Justice*. C'est là qu'était la maison du père de
Jean Châtel qui commit un attentat sur la personne
de Henri IV et le blessa d'un coup de couteau à la

lèvre supérieure, le mardi 27 décembre 1594. Cet homme subit le supplice qu'il méritait; la maison qu'il habitait fut rasée en exécution d'un arrêt du 7 janvier 1595, et on éleva sur son emplacement une pyramide que Henri IV laissa subsister seulement jusqu'en 1605. Ce monument se composait d'un grand piédestal quadrangulaire, élévé sur trois gradins; chaque façade était ornée de deux pilastres ioniques cannelés; entre chaque pilastre était une table sur laquelle était gravée une inscription. Le piédestal était couronné par quatre frontons triangulaires, et par un attique décoré de guirlandes, et surmonté de quatre autres frontons cintrés et écussonnés aux armes de France et de Navarre. Au-dessus du piédestal et aux angles, s'élevaient quatre statues représentant les vertus cardinales. Un obélisque chargé de bossages et terminé par une croix fleuronnée formait la partie supérieure de la pyramide. Les inscriptions étaient en latin. Nous n'en traduirons qu'une seule, la moins étendue de toutes, mais suffisante pour expliquer l'origine de ce monument expiatoire : « A la gloire immortelle, à la mémoire impérissable du très-grand, très-vaillant, très-clément prince Henri IV, roi très-chrétien de France et de Navarre. Passant, étranger ou citoyen de Paris, écoute-moi : sur le lieu où tu me vois élevée en forme de pyramide, fut la maison de Châtel, dont le Parlement, vengeur du crime, a ordonné l'entière destruction. Le fils du

propriétaire a été cause de mon érection. Ce fils, élevé
à une école impie, et trop docile aux criminelles leçons de ses maîtres pervers, qui ont, hélas! usurpé
le nom de Jésus, incestueux et bientôt parricide, osa
porter une main meurtrière sur un prince qui avait
sauvé la ville de sa ruine, et qui, protégé par le ciel et
souvent vainqueur dans les combats, échappa aux
coups de cet assassin, dont le fer n'atteignit que sa
bouche. Passant, éloigne-toi par égard pour notre
ville qu'a déshonorée cet horrible forfait. Je ne peux
t'en dire davantage. » Les autres inscriptions rappelaient les principales circonstances de cet assassinat.
Bannis depuis huit ans, les jésuites furent rappelés,
mais il leur fut interdit de tenir aucun établissement
d'éducation. Ils n'en obtinrent la permission qu'après
la mort de Henri IV. Ce prince, à la prière du P. Cot-
ton, jésuite et son confesseur, consentit à la démolition de la pyramide ; le Parlement s'y opposa ; les
jésuites l'emportèrent un peu plus tard. La place
fut donnée par le roi aux sieurs Dupuis et Perrai,
exempts de ses gardes, Valois, commissaire des
guerres, et de Mainville, capitaine au régiment des
gardes, pour y faire des échoppes, par brevet enre-
gistré le 12 octobre 1605. Cette concession ne fut
pas utilisée, et M. Miron, prévôt des marchands, y
fit construire une fontaine, laquelle, plus tard, fut
transportée dans la cour du Palais.

On allait alors à l'église Saint-Éloi par une allée ou

ruelle appellée *de Saint-Éloi,* qui donnait rue de la Barillerie ; on a longtemps nommé cet endroit *Carrefour du Châtel.* Voici l'extrait d'une lettre de Henri IV écrite à différentes villes aussitôt après l'attentat de Jean Châtel : « Il n'y avait pas plus d'une heure que
« nous étions arrivé à Paris du retour de notre voyage
« de Picardie, et étions encore tout botté, qu'ayant
« autour de nous nos cousins le prince de Conti,
« comte de Soissons et comte de Saint-Paul, et plus
« de trente ou quarante des principaux seigneurs des
« gentilshommes de notre cour ; comme nous recevions les sieurs de Ragni et de Montigni qui ne
« nous avaient pas encore salué, un jeune garçon,
« nommé Jean Châtel, fort petit et âgé au plus de
« dix-huit à dix-neuf ans, s'étant glissé avec la troupe
« dans la chambre, s'avança sans être quasi aperçu,
« et nous pensant donner dans le corps du couteau
« qu'il avait, le coup (parce que nous nous étions baissé
« pour relever lesdits sieurs de Ragni et de Mon-
« tigni qui nous saluaient) ne nous a porté que dans
« la lèvre supérieure du côté droit et nous a entamé
« et coupé une dent... Il y a, Dieu merci, si peu de
« mal que pour cela nous ne nous mettrons pas au
« lit de meilleure heure... »

Cette place fut souvent le théâtre de scènes horribles ; c'était là que l'on faisait les expositions publiques avant la révolution de Février. Sur un échafaud d'environ deux mètres de haut, on plaçait une rangée de poteaux ; le condamné était là debout, pendant une heure ou deux, le cou dans un carcan de fer, ou, s'il était condamné à la marque, le bourreau lui appliquait un fer rouge sur l'épaule. Ces marques, qui empêchent le coupable de rentrer dans la société, en faisaient souvent un criminel de profession. Heureusement le progrès a fait disparaître cet ignoble usage.

La marque et le carcan sont abolis d'après une loi en date du 28 avril 1832 et l'exposition est supprimée d'après un décret du gouvernement provisoire daté du 12 avril 1848. On voyait encore, il y a peu de temps, sur cette petite place du Palais-de-Justice, une enfilade de cours, c'était le *passage des Barnabites* que l'on démolit le 15 février 1862. Ce passage avait une sortie rue de la Calandre n° 54.

PASSAGE DES BARNABITES

Dans la première cour on voyait un portail sur lequel était écrit : *Dépôt général des comptabilités de France.* C'était celui de l'église des Barnabites, bâtie sur les ruines de Saint-Éloi. Dagobert Ier fit donation à Eligius ou saint Éloi, orfèvre-argentier de la couronne (depuis saint Éloi, évêque de Paris), d'une maison assez vaste et de ses dépendances, située en face du palais de la Cité ; Éloi avait le projet d'y établir un hôpital, mais il changea d'avis et fit construire un monastère pour les deux sexes. Aurée (depuis sainte Aure) était abbesse des filles et Quintilien était abbé de *Saint-Martial*; c'est le nom qu'Éloi avait donné à la chapelle qu'il avait élevée en 600 : le nombre des religieuses obligea leur instituteur d'augmenter les bâtiments du monastère et de recourir pour cet effet à la bonté du roi, afin d'obtenir une partie de terrain qui était nécessaire et qui lui fut accordée sur-le-champ.

Saint Ouen rapporte à ce sujet que, ce terrain s'étant trouvé excéder d'un pied l'étendue qui avait été demandée, saint Éloi fut se jeter aux pieds de Dagobert comme s'il eût été coupable d'un grand crime, et que ce prince, étonné d'une probité si rare et si scrupuleuse, lui donna le double de ce qu'il lui avait déjà accordé. Ces terrains occupaient l'espace compris entre les rues aux Fèves, de la Calandre, de la Vieille-Draperie et de la Barillerie, ce qui fit donner à cette circonscription le nom de *Ceinture de Saint-Éloi*... En 871, cette abbaye porta le nom de *Saint-Éloi et Sainte-Aure*, elle renfermait trois cents filles. Au commencement du XIIe siècle, les religieuses se livraient sans pudeur aux excès de la débauche et du libertinage, sans que les corrections pussent arrêter ce désordre qui était devenu public !

En 1107, Galon, évêque de Paris, pour rétablir

l'ordre, fut obligé de chasser les religieuses de cette abbaye et de la donner à Thibaud, abbé de Saint-Pierre-des-Fossés ; la grande église, dont une partie tombait en ruine, fut séparée en deux par la rue Saint-Éloi ; le chœur forma l'église Saint-Martial et de la nef on fit le couvent des Barnabites, ainsi nommé parce que les clercs qu'on y plaça avaient été amenés de Saint-Barnabé de Milan, par les ordres de Henri IV. Ce couvent, supprimé en 1789, devint propriété nationale et un fondeur en fit ses ateliers. Il servit depuis au dépôt général des comptabilités de France.

RUE DE LA CALANDRE

La plus ancienne de tout Paris, ce fut la première voie tracée par les Gaulois dans Lutèce. Elle commençait à la rue de la Cité, vis-à-vis de celle Saint-Christophe, et finissait à la rue de la Barillerie. Elle doit son nom, je crois, à une calandre (c'est une grande roue pour calandrer le drap) qui était jadis dans cette rue. Voici les preuves que j'ai pu trouver dans un titre d'échange du mois d'août 1230. Elle n'est désignée dans toute son étendue que sous cette dénomination générale : *rue qui va du Petit-Pont à la place Saint-Michel.* (Il y avait une petite place nommée ainsi rue de la Barillerie.) En 1280, elle s'appelait *rue de la Calandre*.

Dans le censier de Saint-Éloi de 1367, il est fait mention de la maison de Nicolas le Calandreur (il est assez naturel de voir une calandre près d'une rue où demeuraient tous les drapiers de la Cité). Une simple tradition veut que saint Marcel soit né dans cette rue et dans la cinquième maison à droite, en y entrant par la rue de la Cité; il est vrai que, dans la procession solennelle que faisait le chapitre de Notre-Dame le jour de l'Ascension, il s'arrêtait à cette maison; que dans le registre de cens de Saint-Marcel, cette maison figure comme chargée de douze deniers parisis de cens, et que l'article porte que saint Marcel y était né; en face de la rue aux Fèves, il y avait un passage conduisant de la rue de la Calandre au Marché-Neuf. Ce passage fut ouvert sur les ruines de *Saint-Germain-le-Vieux* et en portait le nom (j'en parlerai à l'article de la *rue du Marché-neuf*). Cette rue courbe, malpropre, triste et bordée de petites boutiques basses et sombres, était occupée par des hôtels garnis.

RUE SAINT-ÉLOI

Elle commençait à la rue de Constantine et finissait à la rue de la Calandre. Cette rue fut ouverte sur

une partie de l'église et du monastère bâtis par saint
Éloi, orfévre et trésorier du roi Dagobert. Suivant
un concordat passé entre Philippe le Hardi et l'abbaye
de Saint-Maur-des-Fossés, en 1280, cette rue s'appelait alors *Savateria;* un plan de 1738 l'indique encore
sous le nom de *la Savaterie;* elle prit enfin le nom de
Saint-Éloi, en mémoire du monastère de ce saint.

Cette rue faisait deux coudes, était des plus tor-
tueuses et garnie de petites boutiques basses et sombres. En entrant par la rue de Constantine, on voyait,
à droite, les restes de l'église des Barnabites, et à
gauche, entre les n°s 9 et 11, l'impasse Saint-Martial.

IMPASSE SAINT-MARTIAL

Située rue Saint-Éloi, elle fut nommée ainsi parce
qu'elle conduisait à l'église de ce nom. On disait
ruelle Saint-Martial en 1398, *ruelle du Porche-Saint-
Martial* en 1404, *rue Saint-Martial* en 1459, et *impasse
Saint-Martial* en 1722. A l'article du *passage des Barnabites,* on a vu l'origine de l'église Saint-Martial
qui, en 1715, tombait en ruine et fut alors entière
ment démolie.

RUE AUX FÈVES

Commençait à la rue de Constantine et finissait à la rue de la Calandre; le dernier numéro impair était 23, le dernier numéro pair était 20. Les plus anciens titres qui mentionnent cette voie publique sont des lettres de saint Louis, datées de 1260, par lesquelles il cède trente sols de cens sur une maison rue *aux Febvres,* près Saint-Martial; en effet, cette rue était alors habitée par des marchands ou fabricants de draps qu'on nommait *Febvres.* C'est par corruption qu'elle portait de nos jours le nom de *rue aux Fèves.* Elle se continuait autrefois jusqu'au Marché-Neuf; mais, en 1458, on prit cette dernière partie pour agrandir l'église de Saint-Germain-le-Vieux; on en voyait des traces rue de la Calandre, où était une des portes de l'église. C'est là qu'était situé le passage Saint-Germain-le-Vieux, supprimé peu de temps avant la démolition de ce quartier. Environ au milieu de la rue aux Fèves aboutissait l'impasse Saint-Martial, et, en face, était la *rue du Four-Basset* qui conduisait à la rue de la Cité.

La rue aux Fèves fut souvent visitée par des curieux qui venaient admirer ses vieilles maisons. Dans cette rue, au n° 4, il y avait une vieille porte cintrée,

ornée de sculptures et d'un blason représentant
une gerbe et deux béliers. La cave de cette maison
était de construction ancienne, c'était un des plus
vieux édifices du vieux Paris. Cette maison, reconstruite à différentes époques, était, dit-on, vers 760,
la chancellerie du roi Pépin et fut longtemps désignée sous le nom de la *Maison à la Gerbe d'or;* en
1600, elle était déjà occupée par un tonnelier qui
avait pour enseigne un bas-relief de Jean Goujon,
représentant la chaste Suzanne entre les deux vieillards. De père en fils, l'établissement et l'enseigne
se sont perpétués jusqu'au commencement de 1847.
A cette époque, je vis encore le tonnelier, appelé
M. Blanc, et l'enseigne, au-dessus de laquelle était
écrit : *Fondé en 410, idem en* 1600.

CABARET DU LAPIN BLANC

Le célèbre roman des *Mystères de Paris,* par M. Eu-
gène Sue, avait fait révolution chez les amateurs de
scènes terribles et mystérieuses; on venait de toutes
parts dans la vieille rue aux Fèves, dans l'espérance
d'y contempler le fameux *cabaret du Lapin blanc,* si
bien décrit dans le roman ci-dessus mentionné. Mais
quel était le désappointement des curieux en voyant
qu'il n'existait aucun cabaret de ce nom dans ladite

rue et que les voisins, consultés à ce sujet, répondaient aux questionneurs qu'ils n'avaient jamais entendu parler du susdit cabaret, qui n'avait jusqu'alors existé que dans l'imagination du romancier.

C'est alors qu'un nommé Mauras, né à Bordeaux en 1786, eut l'heureuse idée d'improviser le cabaret absent et tant désiré. Il loua le rez-de-chaussée de la maison portant le n° 6, comme étant propre à son projet ; il le meubla selon le texte du roman, écrivit des vers de sa façon sur les murailles, fit faire des peintures par un rapin, enfuma le local afin de lui donner un aspect d'antiquité qui trompa plus d'un visiteur. Malgré tous ses soins, le débitant d'eau-de-vie et de bière ne faisait qu'un chétif commerce, ce qui lui fit sentir la nécessité d'augmenter les réclames ; il fit peindre à l'extérieur une vaste enseigne du *Lapin blanc* avec ces vers qu'il composa :

> Pour un musée, n'allez pas à Versailles,
> Le Lapin blanc vous offre ses murailles
> Couvertes de rimailles
> Et de caricaturailles
> Qui railles.

> **MAURAS. Marchand de vin, n° 6.**

Que fit encore notre rusé cabaretier ? Il composa et fit imprimer un petit cahier de vers burlesques, avec une légende pompeuse sur la fondation supposée du *Lapin blanc* ; il conduisait dans sa cave les personnes

avides de voir l'endroit où s'étaient passées tant
d'horreurs. Le public mordit à belles dents dans la
fable qu'on lui raconta, et qui finit par avoir un cré-
dit tel que quelques-uns soutenaient avoir vu ce cabaret avant 1830. Cette exploitation était en pleine
prospérité, lorsque la pioche du démolisseur vint
frapper sur les maisons de la rue aux Fèves; le père
Mauras fut exproprié et, malgré toutes ses réclama-
tions, ne put toucher que 7,000 fr. d'indemnité pour
le reste de son bail.

M. Mauras vendit tout le matériel de son établissement 600 fr. à un marchand de bric-à-brac de la Mon-
tagne-Sainte-Geneviève, lequel avait l'intention de
ressusciter le *cabaret du Lapin blanc* dans une boutique
de la rue des Amandiers-Sainte-Geneviève, nº 19.

Ce fut un grand crève-cœur pour le papa Mauras
de quitter sa bonne rue aux Fèves; il fit ses adieux
aux plus fidèles abonnés de sa maison, qui n'était
nullement prostituée, comme quelques-uns l'ont
pensé. Les adieux furent tendres : on porta notre
tavernier en triomphe à la Montagne-Sainte-Gene-
viève, au domicile futur du *Lapin blanc*; les uns marchaient en éclaireurs avec des torches, et les autres
suivaient le cortége, brandissant des rameaux de laurier et criant : vive Mauras!

Afin d'avoir des notes bien certaines sur l'origine
de l'installation du *Lapin blanc* rue aux Fèves, je me
suis adressé au propriétaire de la maison, M. Lutz,

marchand de meubles, quai Saint-Michel, 27, lequel a eu la complaisance de me donner à lire le bail de son locataire M. Mauras ; ce bail commence le 23 janvier 1844, à raison de 1,000 fr. de loyer par an, et M. Mauras, de qui je tiens une partie des renseignements ci-dessus, demeure maintenant rue de la Grande-Truanderie, 41.

Ce que je dois ajouter pour compléter l'exactitude de ces détails, c'est que M. Mauras est loin d'être le personnage suspect du *tapis franc* ; c'est, au contraire, un digne et excellent homme, poli, aimable et estimé de tous les habitants de la Cité.

RUE DES CARGAISONS

On voyait, rue de la Calandre, entre les n°s 21 et 23, une petite rue étroite qui se terminait au quai du Marché-Neuf, entre les n°s 24 et 26. Le nom de cette rue, dont l'origine est incertaine, ne varie que dans la manière de l'écrire : Sauval l'appelle *des Carcuissons* ; Gomboust et Bullet, *des Caraussons* ; en 1636, *des Carquillons* ; d'autres, rue *des Carcaissons*, et enfin *des Cargaisons*. Ce nom dérive probablement du mot *carguer,* charger ; en effet, à l'extrémité de cette rue, du côté du marché, on chargeait des marchandises. Cette rue était sans numéros ; sa longueur était de

48 mètres, sa largeur 1 mètre 10 cent. Depuis l'année 1825, elle était fermée aux deux bouts par des portes de bois.

IMPASSE DES CARGAISONS

Vers le milieu et à l'orient de cette rue, il y avait une impasse nommée des Cargaisons, d'environ 20 mètres de long ; elle était déjà fermée en 1775 par une porte dont les locataires seuls avaient la clef.

RUE DU MARCHÉ-NEUF

Elle commençait à la rue de la Cité, nos 58 et 62, en face la rue Neuve-Notre-Dame, et finissait au quai du Marché-Neuf. Cette rue formait l'équerre ; la première partie prenait de la rue de la Cité jusqu'à la maison n° 8, qui faisait l'encoignure ; la seconde tournait à gauche et aboutissait au quai du Marché-Neuf. La partie qui prenait naissance à la rue de la Cité formait jadis une impasse qui fut convertie en rue en 1558 ; elle prit alors le nom de *rue de l'Herberie*. Deux propriétés, appartenant aux sieurs Ducroc, avaient été abattues pour opérer ce dégagement ; lesdits sieurs Ducroc n'en furent payés que le 20 mai

1562. En 1568, elle prit le nom de *rue du Marché-Neuf,* parce qu'on forma à cette époque le marché sur le quai, où cette rue aboutissait.

On confondait encore, avant le mois d'avril 1840, sous la seule dénomination de *rue du Marché-Neuf,* la voie publique dont il est question et le quai qui l'avoisinait jusqu'au pont Saint-Michel. Les maisons nos 4, 6 et 8 étaient construites sur l'emplacement de l'église Saint-Germain-le-Vieux, dont je vais donner la description. La rue du Marché-Neuf n'était bordée d'un trottoir que du côté du septentrion ; elle avait 64 mètres de long. Tout le cortége du sacre de Napoléon Ier passa par cette rue, le 2 décembre 1804, pour se rendre à Notre-Dame.

ÉGLISE SAINT-GERMAIN-LE-VIEUX

Cette église n'était, dans le principe, qu'une chapelle baptismale sous la dépendance de Notre-Dame; elle portait le titre de *Saint-Jean-Baptiste.* L'histoire fournit des preuves de son existence dès la fin du IXe siècle. Il est certain aussi qu'elle servit d'asile aux religieux de Saint-Germain des Prés, à l'époque où les incursions des Normands obligèrent ces moines à mettre à l'abri, dans l'île de la Cité, le corps de leur patron. En reconnaissance de l'hospitalité qu'ils reçurent dans cet oratoire, ces religieux laissèrent aux prêtres qui le desservaient un bras de saint Germain. Alors l'oratoire Saint-Jean-Baptiste prit le titre d'église *Saint-Germain-le-Vieux* à cause de cette relique; on disait *Saint-Germain-le-Vieil.*

Les savants ont beaucoup discuté sur l'étymologie douteuse de ce titre de Saint-Germain-le-Vieux; l'opinion la plus vraisemblable est celle d'Adrien de Valois, qui fut également adoptée par Jaillot; il dit : « C'était une tradition reçue que saint Germain, évêque de Paris, s'y était retiré au vi^e siècle. C'en était assez pour faire considérer cette chapelle comme la plus ancienne, comme antérieure aux deux églises connues sous le même nom, et pour lui donner le surnom de *vieux,* qui d'ailleurs était nécessaire pour la distinguer de *Saint-Germain-le-Neuf.* » En 1368, l'abbaye de Saint-Germain des Prés céda à l'Université les droits qu'elle possédait sur cette petite église, qui fut agrandie en 1458. Le portail et le clocher ne dataient que de 1560. Supprimée en 1790, elle fut vendue le 12 fructidor an IV, et démolie peu de temps après. Sur son terrain on bâtit les maisons n°s 4, 6 et 8; dans cette dernière, on ouvrit un passage qu'on nommait *passage Saint-Germain-le-Vieux.* Ce passage était supprimé depuis quelques années; il y a quelques mois, avant la démolition de ce quartier, on voyait encore, dans la cour de la maison n° 8, des restes de l'église Saint-Germain-le-Vieux.

RUE DE LA PELLETERIE

Commence à la rue de la Cité n° 2, finit à la rue de la Barillerie n° 1. Au XIIe siècle, elle était occupée par les juifs, et, après leur expulsion, Philippe-Auguste, par des lettres de 1183, donna, moyennant 73 livres de cens, dix-huit de leurs maisons aux pelletiers, qui s'y établirent et lui donnèrent leur nom.

Dans cette rue, il y avait quatre ruelles conduisant à la rivière. Dans la première, du côté du pont Notre-Dame, étaient les étuves des juifs; la seconde et la troisième étaient désignées sous le nom général de *ruelles allant à la Seine*; la quatrième, qui existait encore en 1775, se nommait *rue du Port-aux-Œufs*.

La rue de la Pelleterie n'est séparée du marché aux Fleurs que par une inégalité de terrain, car il faut descendre deux degrés pour se trouver dans la rue de la Pelleterie, qui a 145 mètres de longueur. Au n° 19 était le *passage de Flore*, conduisant rue de Constantine. Le dernier numéro impair est 23; pas de numéros pairs, ce côté est bordé par le marché aux Fleurs.

RUE DU MARCHÉ-AUX-FLEURS

Elle commençait à la rue de la Pelleterie n°s 13

et 15, finissait à la rue de Constantine. Cette rue prenait son nom du marché aux Fleurs qui l'avoisinait. Elle fut ouverte sur une partie de l'emplacement de l'église *Saint-Pierre-des-Arcis* et sur le terrain du cul-de-sac Saint-Barthélemy, conduisant de la rue de la Vieille-Draperie (Constantine), à la moitié de la rue du Marché-aux-Fleurs. Ce cul-de-sac, qui fut d'abord une rue, séparait l'église Saint-Barthélemy de celle de Saint-Pierre-des-Arcis, et se nommait *rue des Cordouagners*.

RUE DES CORDOUAGNERS

Elle fut bouchée en 1315 : ce nom se perdit dans la suite, et on l'indiquait simplement sous celui de *Ruelle du Prieuré, ruelle par où l'on va à Notre-Dame-des-Voûtes*.

NOTRE-DAME-DES-VOUTES

Cette chapelle était au chevet de l'église Saint-Barthélemy, et l'on y entrait par la ruelle du Prieuré : la chapelle fut plus tard comprise dans l'église, et, depuis 1525, a été appelée *Notre-Dame de la Fontaine*.

La longueur de la rue du Marché-aux-Fleurs était de 47 mètres. Le dernier numéro impair était 5, le dernier pair 6. (Je laisse ces indications comme souvenir, puisque la rue est entièrement supprimée.)

ÉGLISE SAINT-PIERRE-DES-ARCIS

Elle était située au coin oriental de la rue du Marché-aux-Fleurs et de la rue de Constantine. En 640, il existait à cet endroit une chapelle appelée *Saint-Pierre*, fondée par Dagobert Ier. Theudon, vicomte de Paris, fit abattre la chapelle ruinée pour fonder une église, qu'il fit bâtir en 926. Elle prit le nom de *Saint-Pierre-des-Arcis* (arceaux ou arcades), et fut détruite dans l'incendie de 1034. On la rebâtit près de la clôture de Saint-Éloi; elle était paroisse en 1129. En 1424, elle fut de nouveau rebâtie; en 1702, réparée et augmentée, et démolie définitivement en 1800. Sur son emplacement, on ouvrit la rue du Marché-aux-Fleurs.

JUIF PENDU SOUS PHILIPPE LE BEL

CHAPITRE V

RUE GERVAIS-LAURENT

Commence à la rue de la Cité, n⁰ˢ 6 et 8, finit à la rue du Marché-aux-Fleurs, n⁰ˢ 1 et 3.

En 1248, on la nommait *vicus Gervasii Loorandi* ; en 1313, rue *Gervèse Lorens*. On a dit depuis *Gervais Laurent*, et ce nom s'est conservé jusqu'à présent. Cette rue, changée de sexe, n'a rien de surprenant,

car nous avons en échange beaucoup de rues fémi-
nisées ; je citerai pour exemple : la rue *Coquillier*, on
dit Coquillière ; *Poissonnier*, on dit Poissonnière ; *Vi-
vien*, on dit Vivienne ; *de la Grange Batelier*, on dit
de la Grange Batelière, etc., etc... La rue Gervais-
Laurent n'a rien de remarquable ; elle est occupée
eu partie par des tanneurs et des teinturiers.

RUE SAINTE-CROIX

Commence à la rue de Constantine et finit rue
Gervais-Laurent. Bâtie au XIIe siècle, on la nommait
petite rue Sainte-Croix, ruelle Sainte-Croix et *rue Sainte-
Croix*. Elle avait autrefois 2 mètres dans sa plus
grande largeur ; elle est aujourd'hui garnie de trottoirs. Son nom lui vient de l'église Sainte-Croix,
qu'on voyait encore au commencement de la révolution de 1789.

ÉGLISE SAINTE-CROIX

Elle était située rue de Constantine, au coin oriental de la rue Sainte-Croix. La véritable origine de
cette église n'est pas bien connue. L'opinion la plus

probable et la plus répandue est que cette chapelle pouvait servir à l'infirmerie des religieuses de Saint-Éloi, dès le VIIe siècle ; que ce monastère ayant été donné à l'évêque de Paris, la chapelle de Sainte-Croix en fut détachée, rebâtie plus loin et hors de la ceinture de Saint-Éloi, et qu'au milieu du XIIe siècle, la dévotion de saint Hildevert s'étant introduite à Paris, cette chapelle lui fut dédiée, et l'infirmerie changée en un hôpital pour ceux qui étaient attaqués du mal caduc ou de la frénésie. Les cris de ces malades obligèrent de les transférer à Saint-Laurent, où l'on érigea une chapelle sous le nom de *Saint-Hildevert*. L'église Sainte-Croix reprit alors son premier nom, et fut érigée en paroisse en 1107. Étant devenue trop petite pour la population, les marguilliers, en 1450, achetèrent la maison de Hugues Guillemaux, marchand de vin, pour agrandir la nef et le chœur, qui ne fut achevé qu'en 1529.

Dans une bulle d'Innocent II, du 20 février 1136, elle est qualifiée d'église. Elle fut supprimée en 1790. Le 2 mars 1792, elle fut vendue comme propriété nationale, et démolie en 1797. Sur son emplacement on construisit une maison particulière.

On a longtemps conservé dans cette église un morceau de la vraie croix et une épine de la couronne.

RUE DE CONSTANTINE

Elle commence à la rue d'Arcole et finit à la place du Palais-de-Justice. Cette rue, bâtie vers 1843, a remplacé la *rue de la Vieille-Draperie*; voici comment. Cette rue de la Vieille-Draperie était une des plus anciennes de la Cité. Elle faisait face au Palais-de-Justice, et se prolongeait jusqu'à la rue de la Cité. Elle était habitée, en partie, par des Juifs, et lorsqu'ils en furent chassés en 1183, Philippe-Auguste y établit des drapiers, auxquels il donna vingt-quatre maisons, moyennant 100 livres de rente. C'est ce qui lui fit donner le nom de *Judæaria pannificorum*. En 1293, on l'appelait *la Draperie*, et en 1313, *la Viez Draperie*. Sur un plan de Saint-Victor, elle est indiquée sous le nom de *la Verrerie*; tous les titres du xvᵉ siècle la nomment *rue de la Vieille-Draperie*. Elle fut élargie du côté de celle de la Cité, vers 1620; elle l'a été aussi à l'autre extrémité, en 1673.

Louis XVI avait ordonné, le 3 juin 1787, qu'il serait formé, en face de la grille de la cour du May, et servant d'entrée principale au Palais de Paris, une place demi-circulaire ayant 19 toises, au milieu de laquelle il sera ouvert une rue de 42 pieds de largeur qui sera substituée à celle dite de la Vieille-Draperie, et

sera prolongée jusqu'à la rue de la Juiverie (aujour-
d'hui rue de la Cité). Cet élargissement ne fut exécuté que jusqu'à la rue Saint-Éloi, et la nouvelle
rue conserva le nom de la Vieille-Draperie. Sous la
République, on projeta de la continuer jusqu'au pont
de la Cité ; ce projet ne fut point exécuté.

En vertu d'une ordonnance royale du 15 juin 1838,
le préfet de la Seine a été autorisé, au nom de la
ville de Paris, à faire ouvrir une nouvelle rue sur
l'emplacement de celle de la Vieille-Draperie, dans
l'axe du Palais-de-Justice, pour communiquer à la
rue d'Arcole. Ces travaux terminés formèrent la *rue
de Constantine*, qui est une des plus belles de la Cité.
Son nom lui vient de la prise de Constantine par les
Français, en Afrique.

RUE DE LA CITÉ

Elle commence aux rues du Haut-Moulin, n° 13, et
de la Pelleterie, n° 1, finit au Petit-Pont. Le dernier
numéro impair est 51, le dernier pair 76. Sa longueur
est de 232 mètres.

La rue de la Cité a remplacé trois rues qui formaient à elles trois une ligne droite. Les rues *de la
Lanterne, de la Juiverie* et *du Marché-Palu* : voici l'origine de chacune d'elles.

RUE DE LA LANTERNE

Commençait à la rue de la Pelleterie et finissait à celle des Marmousets.

On la désignait anciennement sous les noms de *place Saint-Denis de la Chartre, place devant la Croix-Saint-Denis* et *place devant l'église Saint-Denis de la Chartre;* on la nommait aussi *rue de la Jusric.* On la désignait également sous la dénomination de *rue du Pont-Notre-Dame,* parce qu'elle conduisait directement au pont ainsi appelé : dès l'année 1326, elle avait pris d'une enseigne le nom *de la Lanterne.* A l'entrée de cette rue, sur la petite place qui fait face au quai aux Fleurs était l'église *Saint-Denis de la Chartre.*

RUE DE LA JUIVERIE

Elle continuait la rue de la Lanterne depuis la rue des Marmousets, où nous l'avons laissée, jusqu'à la rue de la Calandre. La *rue de la Juiverie* était ainsi nommée parce qu'elle était habitée, au XIIe siècle, par des Juifs, en horreur au peuple, exposés sans cesse à des avanies; les Juifs servaient de jouet à l'avarice

des princes, qui les chassaient de leur territoire pour
leur prendre leurs biens, et les rappelaient pour les
pressurer plus tard. Les plus riches demeuraient
dans les rues de la Pelleterie, de la Tixeranderie, et
surtout dans la rue de la Juiverie; leurs artisans,
leurs fripiers, occupaient les halles ou les rues malsaines qui y aboutissaient.

Ils avaient leurs écoles dans les rues Saint-Bon et
de la Tacherie, leur synagogue était située dans la
rue du Pet-au-Diable. Il ne leur était pas permis de
paraître en public sans une marque jaune sur l'es-
tomac : Philippe le Hardi les obligea même à porter
une corne sur la tête. Défense leur était faite de se
baigner dans la Seine, et quand on leur faisait l'honneur de les *pendre*, c'était toujours entre deux chiens
qu'on mettait le patient.

Sous le règne de Philippe le Bel, leur communauté
s'appelait *Societa Caponum*, d'où provient sans doute
l'épithète injurieuse de *capon*.

Il y avait dans la rue de la Juiverie un marché au
blé qu'on appelait la *halle de Beauce*. Philippe-Auguste
la donna à son échanson, qui la céda à Philippe de
Convers, chanoine de Notre-Dame.

CABARET DE LA POMME-DE-PIN

Rappelez-vous bien la maison qui faisait le coin de la rue de Constantine, à gauche en entrant par la rue de la Cité, où était encore, il y a peu de temps, un marchand de vin ; là était le fameux *cabaret de la Pomme-de-Pin,* que Rabelais comptait parmi « les tavernes méritoires où couponisaient joyeusement les écoliers de la Cité. »

La Pomme-de-Pin, qui était tombée en décadence à l'époque où écrivait le satirique Régnier, reprit sa splendeur sous Louis XIV, sous les auspices du grand Crénet. Ses tables, peu magnifiques, fort chargées de bouteilles, furent souvent fréquentées par les grands génies de l'époque ; c'est là que Chapelle enivrait Boileau,

> Et répandait sa lampe à l'huile
> Pour lui mettre un verre à la main.

Les quatre plus grands poëtes du siècle de Louis XIV, Molière, Racine, Boileau et La Fontaine, ont vécu longtemps dans l'intimité la plus étroite ; une fois par semaine ils se rassemblaient au fameux cabaret de *la Pomme-de-Pin,* où se rendaient aussi Lully, Mignard et Dufresnois.

Chapelle, un des coryphées modernes de la secte épicurienne ; les frères Brossin, connus par leur amour pour la bonne chère ; le conseiller Brilhac et plusieurs autres personnages de distinction avaient aussi à la même époque fondé un dîner hebdomadaire à *la Pomme-de-Pin.*

On peut se faire une idée de ce cabaret en songeant que *les Plaideurs* et *le Chapelain décoiffé* furent en grande partie composés dans ces joyeux repas. Que d'esprit s'est dépensé dans cette obscure taverne !...

ÉGLISE DE LA MADELEINE

L'église de la Madeleine avait remplacé une synagogue, ainsi que le constatent les lettres d'Eudes de Sully, évêque de Paris, en 1205. Elle jouissait du titre d'église archipresbytérale.

Supprimée en 1790, elle devint propriété nationale, fut vendue le 21 août 1793 ; en 1794, elle fut démolie et sur son emplacement on ouvrit un passage.

PASSAGE DE LA MADELEINE

Il communiquait de la rue de la Licorne à la rue de la Cité, entre les nᵒˢ 19 et 21.

Le passage de la Madeleine a été confondu dans le percement de la rue de Constantine.

Il nous reste encore à parcourir la troisième partie de la rue de la Cité, qui se nommait *rue du Marché-Palu*.

RUE DU MARCHÉ-PALU

Elle continuait la rue de la Juiverie jusqu'au Petit-Pont; elle dut ce nom, qu'elle porta dès le xiiᵉ siècle, au marché aux légumes et aux grains qu'on y voyait de temps immémorial ; ce marché était au carrefour que formaient les rues de la Juiverie, Neuve-Notre-Dame, de la Calandre et du Marché-Palu.

Son surnom de *Palu* lui venait de l'humidité de son emplacement, qui resta longtemps sans être pavé. Dans cette rue était autrefois l'entrée principale de l'Hôtel-Dieu, laquelle fut supprimée en 1804.

Le 13 mai 1834, sur la demande des propriétaires,

le ministre de l'intérieur décida que ces trois voies publiques prendraient la seule et même dénomination de *rue de la Cité.*

RUE DES SABLONS

Entre les bâtiments de l'Hôtel-Dieu et la rue Neuve-Notre-Dame, il y avait la *ruelle des Sablons,* qui conduisait au Parvis avant le percement de la rue Neuve-Notre-Dame et la construction de la cathédrale actuelle.

RUE NEUVE-NOTRE-DAME

Elle commence au parvis Notre-Dame, finit à la rue de la Cité; pas de numéros impairs, ce côté est bordé par le jardin de l'Hôtel-Dieu.

Maurice de Sully, évêque de Paris, ne trouvant pas la rue des Sablons assez commode pour se rendre à la cathédrale, qu'il venait de faire reconstruire, voulut avoir une voie qui pût y conduire plus directement; à cet effet, il acheta quelques maisons voisines de celles qui lui appartenaient, et sur leur emplacement fit percer, en 1163, une rue qui dès lors prit le nom de *rue Neuve,* qu'elle portait encore en 1250 : on y ajouta, au xiiie siècle, celui de *Notre-Dame.* Au mois de brumaire an II, la section de la Cité lui donna le nom de *rue de la Raison,* qu'elle porta peu de temps ; elle reprit ensuite celui de *rue Neuve-Notre-Dame,* qu'elle a conservé jusqu'à présent.

Il y avait anciennement quatre rues qui aboutissaient de la rue Neuve-Notre-Dame à celle Saint-Christophe, et qui ne subsistent plus.

La première, du côté de la rue de la Cité, formait une impasse appelée *de Jérusalem,* sans que j'en aie pu découvrir la raison.

La seconde se nommait, au xiiie siècle, *rue à Coulons* ou *aux Coulons.* Elle existait encore en 1434, sous le nom de *rue du Coulon* (pigeon).

La troisième s'appelait *rue des Dix-Huit,* à cause d'un collége qui fut réuni à cette rue. Elle prit enfin la dénomination de *rue de Venise ;* ce nom lui venait d'une enseigne *à l'Écu de Venise.*

La quatrième a porté le nom de *ruelle Saint-Christophe,* puis celui de *rue du Parvis ;* on l'a nommée depuis *rue de la Huchette,* d'une maison ainsi appelée qui faisait le coin de cette rue et de celle de Saint-Christophe. Cette maison fut détruite en 1437 et son emplacement donné à l'Hôtel-Dieu.

Ces trois dernières rues ont été comprises dans l'agrandissement de la place du Parvis, et dans les bâtiments des Enfants-Trouvés ; on a aussi renfermé

dans ces derniers le terrain sur lequel s'élevait l'é-
glise *Sainte-Geneviève-des-Ardents*, dont je vais parler.

ÉGLISE SAINTE-GENEVIÈVE-DES-ARDENTS

On ignore l'origine de cette chapelle qui était
située près de la place du Parvis, au coin de la rue
Neuve-Notre-Dame. On la désignait sous le nom de
chapelle Sainte-Geneviève de la Cité ou *Sainte-Geneviève-
la-Petite* pour la distinguer de la grande *Sainte-Geneviève du Mont*.

En 1129, la ville de Paris et ses environs se virent
en proie à une maladie cruelle nommée le *mal des
ardents*; ayant reconnu l'inutilité des remèdes hu-
mains, on eut recours aux jeûnes, aux prières et
spécialement à l'intercession de sainte Geneviève;
sa châsse fut portée solennellement à la cathédrale;
la nef et le parvis étaient pleins de malades qui, en
passant sous ces saintes reliques, furent guéris à
l'instant, à la réserve de trois, dont l'incrédulité ne
servit qu'à rehausser la gloire de cette sainte patronne
de Paris. Le pape Innocent II, qui vint en cette ville
en 1131, ayant fait vérifier ce miracle, ordonna qu'on
en célébrerait la fête tous les ans le 26 novembre.

Ce ne fut qu'en 1518 que, pour la première fois,

cette chapelle reçut le nom de *chapelle Sainte-Gene-viève-des-Ardents*.

L'abbé Lebeuf soutient que le récit du miracle des ardents n'est appuyé sur aucune autorité digne de foi ; ce savant pense que cette fable fut imaginée par un curé professeur en théologie nommé Geoffroy Boussart. Cette église fut démolie, en 1747, pour faire place à l'édifice des Enfants-Trouvés.

Avant la construction de la rue Neuve-Notre-Dame, on parvenait à cette chapelle par une ruelle donnant rue Saint-Christophe. Tous ces terrains sont occupés aujourd'hui par les bureaux de l'administration des hôpitaux et hospices civils de Paris.

HÔTEL DES MARMOUSETS

CHAPITRE VI

RUE SAINT-CHRISTOPHE

Commence au parvis Notre-Dame, près de la rue d'Arcole, finit à la rue de la Cité.

La rue Saint-Christophe portait le nom de *la Regraterie*, par allusion aux regratiers qui remplaçaient, sous Louis IX, les fruitiers et les épiciers; deux genres de commerce qui n'existaient pas sépa-

8.

rément. Vers l'an 1300, on l'appelait *la grand'rue
Saint-Christophe* pour la distinguer d'une ruelle du
même nom, dont j'ai parlé à l'article de la *rue Neuve-
Notre-Dame;* au bout de la rue Saint-Christophe
était une église qui donna son nom à la rue dont je
viens de parler.

ÉGLISE SAINT-CHRISTOPHE

Cette petite église était située rue Saint-Christophe,
en face la rue des Trois-Canettes.

La charte, ou testament de Vandemir, datée de
l'an 690, contient une donation en faveur de cet
établissement qui s'y trouve qualifié de *monastère de
filles,* duquel Landetrude était l'abbesse. On ne sait
rien sur les religieuses de ce monastère, mais on sait
qu'au ixe siècle cet établissement était converti en
hôpital; au xiie siècle, la petite église Saint-Christophe fut érigée en paroisse.

Entre les années 1494 et 1510, les bâtiments furent
rebâtis; lorsqu'en 1747 on construisit la maison des
Enfants-Trouvés, on sacrifia à ce nouvel édifice l'é-
glise Saint-Christophe, qui fut alors démolie.

ENFANTS-TROUVÉS

Une des obligations des seigneurs féodaux était de nourrir les enfants trouvés; l'évêque de Paris s'acquitta de cette obligation en destinant à ces enfants une maison située près du port Saint-Landry qu'on nomma la *maison de la Couche*. Il était dans l'usage de faire exposer à l'intérieur de son église un vaste berceau où l'on plaçait quelques-uns de ces enfants, afin d'attirer les libéralités publiques et de diminuer les dépenses qu'il faisait pour eux.

Sans doute ces enfants étaient fort mal soignés, puisqu'une dame veuve, touchée de leur malheureux état, se chargea de les recevoir dans sa maison, située près de celle de *la Couche*.

Le zèle très-louable de cette dame se refroidit bientôt; le sort des enfants trouvés ne fut pas meilleur et devint peut-être pire. Ses servantes, lassées des peines que leur donnaient ces enfants, ennuyées de leurs cris, en firent un objet de commerce. Elles vendaient ces nouveau-nés à des mendiantes, qui s'en servaient pour émouvoir la sensibilité du public et s'attirer des aumônes. Elles en vendaient à des nourrices pour remplacer leurs nourrissons morts, et ainsi des enfants étrangers étaient, par cette supercherie, introduits dans plusieurs familles. Elles en vendaient à ceux qui, adonnés à la magie, se servaient de ces enfants, et les sacrifiaient dans des opérations fort absurdes et encore plus criminelles.

Des abus aussi révoltants furent enfin connus, on cessa d'envoyer les enfants trouvés dans la maison de cette dame.

Un homme célèbre par son zèle et sa bienfaisance, Vincent de Paul, touché de leur sort, parvint, en 1638, à établir près de la porte Saint-Victor un nouvel hospice, où ils restèrent jusqu'en 1648, époque où on leur donna pour logement le château de Bicêtre.

Les administrateurs, sentant la nécessité d'avoir un autre établissement au centre de la ville, achetèrent dans la Cité trois petites maisons, les firent réparer suivant leurs besoins, et y établirent une chapelle, située au bout de la rue Saint-Christophe, place du Parvis, en face de l'endroit où l'on ouvrit en 1837 la rue d'Arcole. Ces bâtiments ont subsisté jusqu'en 1747, époque à laquelle ils furent démolis, ainsi que les églises Saint-Christophe et Sainte-Geneviève-des-Ardents.

Ces démolitions dégagèrent et agrandirent le parvis Notre-Dame. Aujourd'hui, l'hôpital des Enfants-Trouvés est rue du Faubourg-Saint-Antoine, nᵒˢ 124 et 126.

RUE DE LA LICORNE

Elle commence à la rue des Marmousets, nᵒˢ 29 et 31, finit à la rue Saint-Christophe, nᵒˢ 14 et 16. On l'appelait, en 1269, *rue près le chevet de la Madeleine,* parce qu'elle passait derrière l'église de ce nom.

En 1300, et même avant, elle était désignée sous le nom de *as Oubloyers, oublieurs,* en raison des pâtissiers ou faiseurs d'oublies qui y demeuraient alors.

Voici la direction qu'avait cette rue des Oublieurs : elle allait de la rue Saint-Christophe dans celle des Marmousets, faisait le coude, tournait à gauche jusqu'à la rue de la Juiverie (de la Cité); la rue des Marmousets s'arrêtait à ce coude et ne donnait pas alors rue de la Juiverie. L'église de la Madeleine faisait face à la rue de la Juiverie, et le chevet se trouvait dans la rue de la Licorne. Voici comment se fit le changement de ce nom :

Sur le flanc méridional de l'église de la Madeleine, il y avait une ruelle qui partait de la rue de la Juiverie pour aboutir rue des Oublieurs ; dans cette ruelle, il y avait une maison de Laurent Fromentin où pendait une enseigne de la Licorne ; la ruelle prit le nom de *rue de la Licorne,* et, vers 1397, on condamna la petite rue de la Licorne et on donna son nom à la rue des Oublieurs à laquelle elle aboutissait.

La rue des Marmousets a hérité du bout qui donne dans la rue de la Cité, et la rue de la Licorne forme une ligne droite de la rue Saint-Christophe à celle des Marmousets. Sa longueur est de 98 mètres, le dernier numéro impair est 17 et le dernier pair 20.

RUE DES TROIS-CANETTES

A côté de la rue d'Arcole, place du Parvis, cette petite rue étroite, c'est la rue des *Trois-Canettes ;* elle finit à la rue de la Licorne.

Cette rue a reçu du peuple le nom de *rue de l'Homme-Sauvage,* probablement d'une enseigne. Une autre enseigne lui fit donner, en 1300, celui de *rue de la Pomme ;* en 1480, *rue de la Pomme-Rouge ;* elle doit sa dénomination à trois maisons, dites les grandes et petites Canettes.

Cette rue, qui forme l'équerre, est sale et mal pavée. Sa longueur est de 90 mètres, sa moindre largeur de 1 mètre 20 cent., sa plus grande de 5 mètres, le dernier numéro impair est 17 et le dernier pair 6.

RUE DU FOUR-BASSET

Rue de la Cité, presque en face de la rue Saint-Christophe, était la *rue du Four-Basset,* ainsi nommée à cause d'un four public qui y était et qui appartenait à la communautée de Saint-Martial.

Cette rue communiquait de la rue de la Juiverie à la rue aux Fèves. En 1300, on la nommait *la Petite-Orberie,* en 1313, *le Four-Basset.* On n'y passait plus en 1775, et plus tard, on bâtit sur son terrain.

RUE DE PERPIGNAN

Commence à la rue des Marmousets, n°ˢ 19 et 21, finit à la rue des Trois-Canettes, n° 4.

En 1203, elle est énoncée *Domus in Cherauri(?);* ensuite *rue Charauri,* on l'appela aussi *rue de Champrosai,* en 1399; *ruelle de Pampignon,* en 1495, et en 1520, *rue de Perpignan.* Le nom de Perpignan vient de celui d'un jeu de paume qui s'y trouvait au commencement du xvie siècle.

Cette voie a été divisée en deux par la rue de Constantine.

La rue de Perpignan a peu d'apparence : elle a 57 mètres de longueur ; le dernier numéro impair est 11, le dernier pair 12.

RUE COCATRIX

Commence à la rue de Constantine, nᵒˢ 3 et 5, finit à la rue des Trois-Canettes ; le dernier numéro impair est 11, le dernier pair 16.

Cocatrix est le nom d'une famille fort connue au XIIIᵉ siècle, qui y demeurait, et du fief qui lui appartenait ; il était situé entre la rue d'Arcole et celle des Deux-Hermites ; Corrozet la nomme *rue du Cocatrix*. Voici la direction qu'avait autrefois cette rue.

Elle partait de la rue des Trois-Canettes pour arriver au point où elle est aujourd'hui ; de là, elle tournait obliquement à droite jusqu'à la rue des Deux-Hermites (plus longue alors), puis elle tournait encore à droite et allait aboutir juste en face l'impasse Sainte-Marine (voyez ce nom), dont elle était séparée par la rue Saint-Pierre-aux-Bœufs (aujourd'hui rue d'Arcole).

La rue Cocatrix a 32 mètres de longueur.

RUE DES MARMOUSETS

Elle commence aux rues Chanoinesse, n° 11, et de la Colombe, n° 10, finit à la rue de la Cité, n°s 15 et 17.

Elle doit son nom à une grande maison nommée l'*Hôtel des Marmouzets*, qui y était en 1206. Guillot la nomme *du Marmouzet*; le rôle de taxes de 1313, *des Marmozets*; la liste des rues du xvᵉ siècle, *des Marmouzettes*; Corrozet et tous ceux qui l'ont suivi, *des Marmouzets*. On appelle *marmousets* de petites figures grotesques sculptées sur le portail des églises anciennes. De pareils ornements faisaient la décoration de l'hôtel dont nous parlons, et lui firent donner le nom de *Marmouzets*.

La rue *des Marmousets* ne portait autrefois ce nom que jusqu'à la rue de la Licorne. Le bout qui donne dans la rue de la Cité faisait partie de la *rue des Oublieurs* (V. *rue de la Licorne*). On lit le fait suivant dans le *Traité de la police* : « Ceux d'entre « nous, dit le commissaire de la Mare, qui ont vu le « commencement du règne de Louis XIV, se souvien- « nent encore que les rues de Paris étaient si remplies « de fange, que la nécessité avait introduit l'usage de « ne sortir qu'en bottes; et quant à l'infection que « cela causait dans l'air, le sieur Courtois, médecin,

« qui demeurait rue des Marmousets, a fait cette
« petite expérience, par laquelle on jugera du reste.
« Il avait dans sa salle, sur la rue, de gros chenets à
« pommes de cuivre, et il a dit plusieurs fois aux
« magistrats, ses amis, que tous les matins il les
« trouvait couverts d'une teinture de vert-de-gris
« assez épaisse, qu'il faisait nettoyer pour faire
« l'expérience le jour suivant, et que depuis l'année
« 1663, que la police du nettoiement des rues a été
« établie, ces taches n'avaient plus paru. Il en tirait
« cette conséquence que l'air corrompu que nous
« respirons fait d'autant plus d'impressions malignes
« sur les poumons et sur les viscères, que ces parties
« sont incomparablement plus délicates que le cuivre,
« et que c'était la cause immédiate de plusieurs
« maladies. »

Chacun raconte à sa fantaisie une vieille aventure,
arrivée en cette rue et en cet hôtel des Marmousets :
Vers 1436, sous Charles VII, un barbier juif et un
pâtissier étaient voisins ; la cave de l'un donnait dans
celle de l'autre. Ce rapprochement fit concevoir une
horrible pensée au pâtissier, il en fit part à son voisin
qui trouva la chose à son gré : ils pratiquèrent donc
une trappe dans la boutique du barbier, et lorsque
quelqu'un venait se faire raser, le barbier le plaçait
sur la trappe, lui portait un coup de rasoir à la gorge
et le poussait dans la cave où le pâtissier, qui attendait le signal, se jetait sur la victime, et, armé d'un

couteau, l'achevait le plus vite possible, afin d'éviter les cris du malheureux, le dépouillait ensuite de ses vêtements, de son argent, et le dépeçait pour faire des pâtés de sa chair.

Un soir, des cris perçants sortirent du laboratoire du barbier, chez lequel on avait vu entrer un écolier allemand, qui se traîna sur le seuil, tout sanglant; il raconta que sentant le barbier lui porter un coup de son rasoir, il le saisit à la gorge et le précipita dans une trappe ouverte qui attendait une autre victime : la foule entra et vit la trappe refermée; quand on descendit dans la cave commune aux deux boutiques, on surprit le pâtissier occupé à dépecer le corps de son complice qu'il n'avait pas reconnu en l'égorgeant; c'est ainsi qu'il composait ses pâtés, « meilleurs que les autres, dit le père Dubreuil, d'autant plus que la chair de l'homme est plus délicate à cause de la nourriture. »

La maison fut abattue, et on éleva à sa place une pyramide expiatoire en mémoire de cet horrible forfait.

Plus de cent ans après l'événement, la place vide appartenait à Pierre Belut, conseiller au Parlement, qui obtint de François Ier, en janvier 1536, la permission de faire rebâtir sur l'emplacement que cette maison avait occupé. Je ne sais pas jusqu'à quel point on doit croire à cette anecdote; mais en voici une autre sur le même sujet, racontée par le chevalier du Coudray :

Un particulier, portant un présent de deux chapons, fut de grand matin voir son rapporteur; il se fit raser dans la boutique du barbier juif, vis-à-vis celle du pâtissier. Ce malheureux lui coupe la gorge, et son corps tombe dans la cave par une trappe faite en bascule. La femme de ce particulier, ne voyant pas revenir son mari, va chez le rapporteur et aperçoit dans la rue des Marmousets son chien qui la flatte et qui ne veut point la suivre; on commença à soupçonner quelque chose, on fit chercher le commissaire qui vint chez le barbier juif. Après plusieurs perquisitions, on trouva dans sa cave, avec un tas énorme d'os amoncelés les uns sur les autres, le cadavre de l'homme assassiné.

Voici maintenant ce que dit Jaillot au sujet de la maison des Marmousets: « qu'on croit avoir été rasée « en exécution d'un arrêt, et en punition d'un crime « que l'on y avait commis; cette histoire ne me paraît « appuyée sur aucune preuve; on sait seulement que « François Ier, par ses lettres du mois de janvier 1536, « permit à Pierre Belut, conseiller au Parlement, de « faire rebâtir sur la place *vuide* que cette maison « avait occupée. »

A cette anecdote, j'en substituerai une plus vraie : « Louis, fils du roi Philippe Ier, avait fait abattre « de son autorité partie d'une maison de cette « rue, près de la porte du Cloître, qui apparte- « nait au chanoine Duranci; elle saillait trop à son

« gré et rendait peut-être le passage incommode.

« Le chapitre de Notre-Dame réclama ses privi-
« léges et ses immunités. Louis reconnut son tort,
« promit de ne plus rien attenter de semblable, et
« consentit de payer un denier d'or d'amende.

« Afin que cette réparation fût plus authentique,
« on choisit le jour que Louis, qui était monté sur le
« trône, épousa Adélaïde de Savoie ; il voulut bien la
« faire avant que de recevoir la bénédiction nuptiale,
« et il permit qu'il en fût fait mention dans les re-
« gistres du chapitre. »

Tout ceci prouverait que l'anecdote du barbier et
du pâtissier n'est qu'une fable.

RUE DES DEUX-HERMITES

Elle commence à la rue des Marmousets, nᵒˢ 13
et 15, finit rue de Constantine entre les nᵒˢ 2 et 4.

Au xiiᵉ siècle, elle se joignait à la rue Cocatrix et
portait le même nom. En 1220, on l'appelait *la cour
Ferri de Paris*. En 1300, on la nommait *rue de la Confrérie Notre-Dame*. Au xviᵉ siècle, on disait *rue de l'Ar-
mite*. En 1640, elle est indiquée sous le nom de *rue
des deux Serviteurs*. Ensuite *des Deux-Hermites,* à cause
d'une maison qui avait cette enseigne.

9.

Cette rue n'a pas de numéros, sa longueur est de 13 mètres.

RUE DU HAUT-MOULIN

Commence à la rue de Glatigny, n° 6, finit rue de la Cité, n° 1. En 1204, on la nommait *rue Neuve-Saint-Denis ;* vers 1300, *rue Saint-Denis-de-la-Chartre,* parce qu'un des côtés latéraux de l'église Saint-Denis de la Chartre bordait cette rue.

Au xvie siècle, elle était partagée en deux parties : une s'appelait *rue des Hauts-Moulins,* en raison de quelques moulins construits sur la Seine près de cette rue ; l'autre partie était désignée sous le nom de *rue Saint-Symphorien,* parce que la chapelle Saint-Symphorien, dite plus tard chapelle *Saint-Luc,* y était située.

Suivant une déclaration de l'abbesse de Montmartre du 3 juillet 1551, il paraît qu'il y avait une *ruelle des Étuves* qui donnait dans cette rue ; mais elle ne subsiste plus depuis bien longtemps.

ÉGLISE SAINT-DENIS DE LA CHARTRE

Cette basilique était située à l'extrémité méridionale du pont Notre-Dame et au coin septentrional de la rue du Haut-Moulin.

L'origine de cette église est inconnue, mais elle semble remonter au temps de la première race; il paraît que cette église Saint-Denis était celle qui, en l'an 856, se racheta du pillage des Normands. Si elle était assez considérable pour leur payer une forte rançon, il est présumable qu'elle existait bien antérieurement à l'époque de leurs incursions dans la Gaule.

Suivant les traditions des légendaires, en ce lieu saint Denis fut emprisonné avec ses compagnons, ils y endurèrent même divers supplices. Avant la démolition de cette église, on montrait encore une grosse pierre carrée ayant à son milieu un trou circulaire; on disait qu'on avait forcé le saint à passer sa tête dans ce trou et à porter ainsi la pierre sur ses épaules.

Le monument le plus ancien qui constate l'existence de cette église est du xie siècle. Alors elle était desservie par des chanoines. Dans deux chartes du roi Robert, données en 1014, elle se trouve désignée par ces mots : *Canonicis sancti Dionysii de Parisiaco a carcere* (les chanoines de Saint-Denis de la prison de Paris ou de la Chartre). Ce surnom vient d'une prison ou chartre située dans le voisinage.

Cette église fut rebâtie aux xive et xve siècles ; le portail était certainement de cette dernière époque. Le bas-relief placé au-dessus de la porte représentait des figures chargées de ventres très-proéminents : c'était la mode sous le règne de Louis XI de porter des ventres postiches. Il y avait dans cette église une crypte ou chapelle souterraine où saint Denis fut emprisonné, disent quelques historiens.

Cette église fut supprimée en 1790. Devenue propriété nationale, elle fut vendue en deux lots le 29 frimaire an VII et démolie en 1810. Une partie de son emplacement est représentée aujourd'hui par une propriété faisant le coin du quai Napoléon ; l'enceinte des maisons qui environnaient cette église, et qu'on appelait le *bas Saint-Denis,* était un lieu privilégié dépendant du prieuré ; les ouvriers pouvaient y travailler avec sûreté sans avoir besoin d'obtenir la maîtrise.

SAINT-SYMPHORIEN DE LA CHARTRE

C'était d'abord une ancienne chapelle sous le titre de *Sainte-Catherine ;* elle tombait en ruine et était abandonnée, lorsque Mathieu de Montmorency, qui n'avait pu accomplir le vœu qu'il avait fait d'aller en Palestine, voulut expier sa faute en abandonnant à l'évêque Eudes de Sully les droits qu'il avait sur cet oratoire.

En 1206, Éléonore, comtesse de Vermandois, donna 100 marcs d'argent pour faire prier Dieu pour Agnès de Méranie que Philippe-Auguste avait épousée, après avoir répudié Ingelburge ; ces dons, joints à ceux que firent d'autres personnes, mirent l'évêque Eudes en état d'établir dans cette chapelle, nouvellement bâtie sous l'invocation de saint Denis, quatre chapelains desservants.

En 1214, elle se nommait *Saint-Symphorien de la Chartre*; on mit dans cette église la paroisse Saint-Leu et Saint-Gilles. Le chapitre et la paroisse passèrent alors à l'église de la Madeleine de la Cité.

La chapelle Saint-Symphorien fut cédée, en 1704, à la communauté des peintres, sculpteurs et graveurs, qui l'ont rétablie et décorée. Le tableau de saint Luc, leur patron, dont ils avaient orné l'autel, l'a fait nommer *chapelle Saint-Luc*.

Devenue propriété nationale, en 1790, elle fut vendue le 4 brumaire an IV. Cette chapelle est entièrement démolie; son emplacement est occupé par la maison de la *Belle-Jardinière*.

ÉGLISE SAINT-PIERRE-AUX-BOEUFS

CHAPITRE VII

RUE DE GLATIGNY

Commence au quai Napoléon, finit à la rue des Marmousets. On donnait le nom de Glatigny à cette rue et aux environs de Saint-Denis de la Chartre jusqu'à l'hôtel des Ursins.

On lit dans plusieurs titres qu'il y avait une maison

de Glatigny dans cette rue qui appartenait, en 1241, à Robert et à Guillaume de Glatigny.

En 1380, je la trouve indiquée sous le nom de *rue au Chevet de Saint-Denis de la Chartre*; mais ces différents noms ont été momentanés, et elle a toujours conservé, même dans ces temps-là, celui de *Glatigny*. Sous saint Louis, on a aussi nommé cet endroit le *Val d'Amour*, à cause des *filles amoureuses* ou *femmes folles de leur corps* qui l'habitaient et qui étaient, comme aujourd'hui, soumises à des statuts et des règlements; elles célébraient la fête de la Madeleine, leur patronne; des tasses d'argent pendaient à leur ceinture et elles proposaient aux passants de venir boire avec elles; les dimanches et jours de fêtes, en attendant les chalands, elles lisaient, assises sur une borne, dans un livre de prières à fermoir de cuivre doré. Ce mélange de religion et de prostitution caractérise bien le règne de saint Louis : on sait que ce monarque faisait suivre sa cour en voyage d'une compagnie de *ribaudes* inscrites sur le rôle tenu par la dame des amours publiques. Saint Louis est mort, bien des dynasties ont passé, le Val d'amour existe encore rue de Glatigny.

Corrozet raconte un malheur arrivé à ces filles, en 1498, lors de la chute du pont Notre-Dame; il s'exprime ainsi : « A la cheute d'iceluy le cours de Seine « fut arresté et remonta contremont, dont quelques « filles estant en Glatigny furent noyées. »

La rue de Glatigny conserve encore le caractère de la vieille Cité.

RUE SAINT-LANDRY

Commence au quai Napoléon et finit rue des Marmousets.

Elle était anciennement désignée sous le nom de *Port Notre-Dame* et de *Port Saint-Landry*. En 1267, plusieurs titres la nomment *Terra ad batellos*.

L'extrémité de cette rue vers la rivière s'appelait, en 1248, *rue du Fumer*. Sa dénomination actuelle lui vient de l'église Saint-Landry.

Il y avait autrefois dans cette rue une ruelle qui allait à la rivière ; cette ruelle portait, en 1265, le nom de *rue Percée*.

La rue Saint-Landry n'est guère fréquentée ; elle a 80 mètres de longueur. Au n° 7 était la maison dé Pierre Broussel, gouverneur de la Bastille, et au n° 1 l'église Saint-Landry.

ÉGLISE SAINT-LANDRY

On croit qu'une chapelle dédiée à saint Nicolas

existait en cet endroit au VIIIe siècle. Dès le commencement du IXe, avant le siége de Paris par les Normands, les prêtres de Saint-Germain-le-Rond (Saint-Germain-l'Auxerrois), voulant préserver le corps de saint Landry des insultes des barbares, le transportèrent en la Cité dans la chapelle de Saint-Nicolas qui prit à cette occasion le nom de *Saint-Landry* qu'elle a toujours porté depuis.

Le corps d'Isabeau de Bavière, femme de Charles VI, morte le 30 septembre 1435, fut porté à Saint-Denis d'une façon peu honorable, mais singulière. Il fut d'abord déposé en l'église Saint-Landry et de là transporté au port du même nom, où un batelier qui avait reçu l'ordre de venir seul à la nuit, prit ce corps, le plaça dans son petit bateau, et, ainsi qu'on le lui avait dit, tout simplement le remit au prieur de l'abbaye.

Dans l'église Saint-Landry furent enterrés Pierre Broussel, conseiller au Parlement et gouverneur de la Bastille, la famille Boucherat et le fameux sculpteur Girardon.

Supprimée en 1790, devenue propriété nationale, l'église Saint-Landry fut vendue le 24 mai 1792. La maison n° 1 occupe une partie de son emplacement; elle fut longtemps louée par un teinturier pour y placer ses chaudières.

RUE HAUTE-DES-URSINS

Commence à la rue Saint-Landry, finit à la rue de Glatigny. Sa longueur est de 38 mètres.

En 1300, Guillot l'appelle la *rue de l'Ymage;* les registres du chapitre, dans un accord du 8 juin 1639, la désignent sous le nom de *rue du Petit-Ymage-Sainte-Catherine.* Au milieu de cette rue était un hôtel que vint habiter Jean Juvénal des Ursins, qui remplit avec honneur, en 1389, la double fonction de prévôt de Paris et de prévôt des marchands.

RUE DU MILIEU-DES-URSINS

L'Hôtel des Ursins tombait en ruine en 1550; il fut abattu en 1553, et l'on ouvrit l'année suivante, au milieu de son emplacement, une rue à laquelle on donna le nom de *rue du Milieu-des-Ursins.* La rue du Petit-Ymage-Sainte-Catherine prit le nom de *rue Haute-des-Ursins,* pour la distinguer de la rue Basse-des-Ursins.

Autrefois, la *rue du Milieu* prenait de la *rue Haute* et aboutissait au quai; aujourd'hui, elle se prolonge, en faisant un coude, jusqu'à la rue Saint-Landry. Cette dernière partie de la rue du Milieu se nommait autrefois *rue Basse-des-Ursins*.

RUE BASSE-DES-URSINS

Elle est séparée du quai Napoléon par une rangée de maisons, depuis la rue de Glatigny jusqu'à la rue des Chantres.

Elle a porté successivement les noms de *Port-Saint-Landry, rue du Port-Saint-Landry* et *Grant rue Saint-Landry-sur-Lyaue*. On lui donna plus tard le nom de *rue d'Enfer*, qu'elle portait au milieu du xvie siècle.

On a beaucoup discuté sur l'étymologie de ce nom d'Enfer; les savants ne se sont pas accordés sur sa signification : les uns ont pensé qu'il venait de la position de cette rue bâtie dans un fond.

Jaillot, par exemple, dit qu'on ne doit chercher l'étymologie de ce nom que dans la situation ancienne de cette rue qui n'était pas séparée de la rivière par un quai; d'autres prétendent que cette partie de la Cité, se trouvant hors des murs du cloître de Notre-Dame, était regardée comme un lieu abandonné de Dieu.

Voilà des allégations bien insuffisantes et qui laissent le lecteur dans l'incertitude : je vais me permettre ici une conjecture qui n'a rien d'invraisemblable. Il y avait dans le voisinage un four banal appartenant aux chapelains de Saint-Symphorien et nommé le *Four d'Enfer,* à cause du grand feu continuel qu'on y faisait.—Voici ce que dit d'Auvigny dans sa description de Paris, sous Philippe-Auguste, en parlant de ce four d'enfer.

L'évêque de Paris, d'une partie de l'argent qu'avait donné la comtesse de Vermandois, acheta pour les chapelains de Saint-Symphorien le *Four d'Enfer,* ainsi nommé parce qu'étant un four banal, il était fort grand et qu'on y faisait un feu continuel. Lorsque Philippe-Auguste eut fait faire une enceinte autour de Paris, il exempta les habitants de l'obligation où ils étaient de faire cuire leur pain dans ces sortes de fours, et permit aux boulangers d'en avoir dans leur maison. Il accorda cette permission « pour ce que « chacun des boulangers valait à M. le roi 9 sols « 3 deniers 1 obole. » Les chapelains de Saint-Symphorien tombèrent alors dans une grande pauvreté, leur revenu étant assigné sur ce four qui n'était plus fréquenté.

Il n'y aurait rien d'étonnant qu'une rue, pour ainsi dire sans nom, ait reçu celui d'un four voisin qui avait été en grande réputation. Je laisse au lecteur à décider.

Au bout de cette rue d'Enfer, à l'entrée de celle des Chantres, il y avait une porte donnant dans le cloître

Notre-Dame ; et sur le quai, environ 20 mètres plus à l'occident, on voyait au xvi⁰ siècle une voûte nommée la *porte d'Enfer* où aboutissait alors le petit Pont-Rouge conduisant à l'île Saint-Louis.

Ce n'est que vers 1830 que la rue d'Enfer changea son nom pour prendre celui de *rue Basse-des-Ursins,* sa voisine.

On voit encore sur le mur l'ancien écriteau en lettres rouges : *rue d'Enfer ;* et à gauche en lettres blanches sur fond bleu : *rue Basse-des-Ursins.*

La maison qui porte aujourd'hui le n⁰ 9 a été habitée par Racine.

RUE D'ARCOLE

Elle ouvre sur le quai Napoléon, entre les maisons n⁰ˢ 23 et 25, et aboutit au parvis Notre-Dame.

Cette rue prend son nom du pont d'Arcole qui lui fait face. Elle fut ouverte en 1837 sur l'emplacement des rues du Chevet-Saint-Landry et de Saint-Pierre-aux-Bœufs. Voici l'origine de ces deux rues.

RUE DU CHEVET-SAINT-LANDRY

Elle donnait d'un bout dans la rue d'Enfer (aujour-d'hui rue Basse-des-Ursins), et de l'autre dans la rue des Marmousets.

On disait le *Chevez-Saint-Landry*, parce que le fond ou chevet de cette église donnait dans cette rue.

En 1451, dans un bail fait par l'abbé de Saint-Victor, elle est nommée *rue de la Couronne*. Il y avait dans cette rue un cul-de-sac qui portait le nom de *Saint-Landry*, et dont on voit encore des restes rue d'Arcole, entre les n°^{os} 5 et 7.

RUE SAINT-PIERRE-AUX-BŒUFS

Elle continuait la rue du Chevet-Saint-Landry, depuis la rue des Marmousets jusqu'au parvis Notre-Dame; on y entrait de ce côté sous une voûte.

Cette rue n'avait rien de remarquable que l'église qui lui a donné son nom, et dont je parlerai bientôt.

Je n'ai pu découvrir le nom que portait cette voie avant la construction de cette chapelle.

On la trouve indiquée dès 1206, sous le nom de *rue Saint-Père-aux-Bœufs*.

Ce que je sais, c'est qu'anciennement la prison du chapitre de Notre-Dame se trouvait dans cette rue, tout près de l'impasse Sainte-Marine, comme vous le verrez par cette anecdote :

« La reine Blanche, mère de saint Louis, apprit « que le chapitre retenait prisonniers plusieurs habi- « tants de Châtenai, coupables envers lui de certaines « choses interdites aux serfs, et que ces prisonniers « étaient si maltraités que l'on craignait beaucoup « pour la vie de plusieurs d'entre eux.

« La reine, voulant d'abord user des voies de « douceur, envoya prier le chapitre de relâcher les « prisonniers sous caution ; on lui fit une réponse « qui la choqua, et augmenta les violences exercées « contre ces malheureux dont elle avait demandé la « liberté.

« La reine, piquée d'un mépris qui portait atteinte « à son autorité, se rendit elle-même à la prison ; « aussitôt qu'elle y fut arrivée, elle frappa la porte « d'un bâton qu'elle avait à la main, dans l'instant « ses gardes et ceux qui l'avaient suivie brisèrent « cette porte et procurèrent ainsi la liberté à une « foule d'hommes, de femmes et d'enfants qui vinrent « se jeter aux pieds de la reine, en lui demandant sa « protection. »

Les chanoines, irrités du coup d'autorité que la

reine venait de faire, murmurèrent hautement et perdirent le respect dû à la majesté royale. La reine, pour les mettre à la raison, fit saisir leur temporel. Le chapitre enfin se vit contraint d'affranchir les habitants de Châtenai pour une somme que la reine fixa.

ÉGLISE SAINT-PIERRE-AUX-BOEUFS

Fondée entre les années 1107 et 1136, cette église fut autrefois la paroisse favorite des bouchers de la Cité et le lieu de leur confrérie; sur son portail, il y avait deux têtes de bœuf, d'où on croit qu'elle prit son nom.

L'église fut supprimée en 1790, et démolie en 1837; son portail très-orné, dont toutes les pierres avaient été numérotées, fut replacé contre l'entrée occidentale de l'église Saint-Séverin, où les curieux peuvent l'admirer.

On voit aujourd'hui rue d'Arcole, au-dessus de la porte de la maison nᵒ 15, cette inscription :

Sur cet emplacement fut autrefois l'église Saint-Pierre-aux-Bœufs, dont on ignore l'origine, mais qui existait déjà en 1136. Démolie en 1837.

IMPASSE SAINTE-MARINE

Située rue d'Arcole, entre les nᵒˢ 11 et 13, elle forme l'équerre aujourd'hui, mais autrefois elle en formait deux.

Au nᵒ 6, dans cette impasse, on voit les restes de l'église Sainte-Marine.

ÉGLISE SAINTE-MARINE

C'est dans cette église, fondée vers 1036, qu'on célébrait les mariages forcés par ordonnance de l'official de Paris : lorsqu'il était prouvé que deux personnes vivaient ensemble, on les forçait de se marier ; le curé leur mettait au doigt un anneau de paille.

L'origine de cette église est curieuse, la voici : Une jeune vierge appelée *Marine* résolut d'embrasser la vie monastique ; elle prit un habit d'homme et entra dans un couvent où elle se fit nommer frère *Marin*. L'office ordinaire de frère Marin était d'aller aux provisions à la ville avec un chariot traîné par des bœufs, et il passait souvent la nuit dans la maison du seigneur de Pandoche, dont la fille devint grosse, ayant eu affaire à certain soldat. Forcée par ses parents d'avouer l'auteur du crime, elle accusa frère Marin, qui se laissa chasser du couvent pour conserver son secret, garda l'enfant qu'on lui remit, le nourrit comme s'il eût été le sien ; les moines, touchés de ses malheurs, lui permirent de rentrer au monastère. On ne reconnut la vérité qu'à la mort de la jeune sainte, qui fut inhumée avec pompe (ceci se passait en Orient).

L'église de Sainte-Marine était petite. Sous l'Empire, elle servait à une raffinerie de sucre ; plus tard, elle fut occupée par un teinturier, et aujourd'hui elle l'est par un menuisier. Au-dessus de la porte on lit :

LOUIS MONTENET, menuisier en bâtiment.

Le ministre de l'intérieur (Gasparin) décida, le 13 février 1837, que les rues du Chevet-Saint-Landry et Saint-Pierre-aux-Bœufs prendraient la seule dénomination de *rue d'Arcole*. Cette rue est large, droite, bordée de trottoirs et de boutiques. Sa longueur est de 165 mètres. Le dernier numéro impair est 19, le dernier pair 24.

PARVIS NOTRE-DAME

On entend, sous ce nom, la place qui est devant

l'église cathédrale; le nom de *parvis* dérive sans doute du mot *paradisus* (paradis), expression autrefois en usage.

C'était dans une grande maison du parvis Notre-Dame que se tenaient les écoles publiques, avant l'établissement des colléges et de l'Université.

L'évêque avait également sur cette place une échelle patibulaire, qui était une marque de sa justice.

Ce fut au parvis que Béranger et Étienne, cardinaux et légats du pape Urbain V, firent dresser, le 18 mars 1314, un échafaud sur lequel montèrent Jacques Molay, grand-maître des templiers, le commandeur de Normandie et deux autres frères, pour y entendre, en présence du peuple, la confession des crimes qu'on imputait à leur ordre et la sentence qui les condamnait à une prison perpétuelle.

Sommé par le légat de confirmer les aveux qu'il avait faits à Poitiers, Jacques Molay s'avança sur le bord de l'échafaud, et fit à haute voix une rétractation à laquelle adhéra le grand-maître de Normandie. Ils furent conduits le soir même à l'*île au bureau* (où est aujourd'hui la place Dauphine), et non pas à l'*île aux juifs*, comme l'ont avancé plusieurs historiens, et le bûcher consuma ces illustres victimes.

Le parvis était l'endroit où les condamnés faisaient amende honorable, où ils étaient prêchés et mitrés. Ce fut là que, en 1344, fut hissé, chargé de chaînes,

Henri Malestroit, diacre, frère de Geoffroy Malestroit, chevalier, décapité l'année précédente. Henri Malestroit étant à l'échelle souffrit beaucoup de maux : on l'accabla d'injures, on lui jeta de la boue et autres immondices, et même des pierres, qui le blessèrent jusqu'au sang. A la troisième exposition, le patient expira.

L'échelle du parvis fut détruite au commencement du xviiie siècle; on y substitua, en 1767, un carcan fixé à un poteau. De la borne placée sur la place du parvis, au pied de ce poteau, partaient toutes les distances itinéraires de la France. Ce carcan fut abattu en 1790 par les patriotes. Le parvis fut successivement agrandi, principalement en 1748, lorsqu'on supprima Saint-Christophe et la rue de la Huchette. On a aussi exhaussé le terrain pour entrer plus facilement à Notre-Dame, à laquelle on montait autrefois par treize marches. On y a détruit encore une fontaine construite en 1639, à laquelle était adossée une statue ancienne et mutilée. L'abbé Lebeuf et Jaillot croient que cette figure était celle de Jésus-Christ. On y a encore détruit un parapet d'environ 1 mètre de hauteur, qui entourait à demi la place du Parvis.

Le bureau des pauvres était situé près de la rue Saint-Pierre-aux-Bœufs; c'était anciennement un lieu appelé le *Château-frileux*.

Dans sa séance du 21 brumaire an II, le conseil général de la commune arrêta que le parvis Notre-

Dame se nommerait désormais *parvis de la Raison.*
Il a repris son nom primitif de *parvis Notre-Dame.*
Le bureau de la consultation pour les hospices de
Paris est situé sur cette place, en face de la cathé-
drale.

STATUE DE PHILIPPE LE BEL

CHAPITRE VIII

ÉGLISE NOTRE-DAME

Cette église est cathédrale et métropolitaine de
Paris. Il n'y a aucun point de l'histoire de Paris qui
soit plus obscur et qui ait été plus longtemps con-
troversé, que l'origine et l'état primitif de la cathédrale de Paris.

L'opinion la plus répandue est que Childebert Ier,

vers 555, fit bâtir une chapelle qu'il dédia à saint Étienne, premier martyr.

Cette chapelle, située à peu près à l'endroit où se trouve le chevet de Notre-Dame, où s'élevait, sous les Gaulois, le temple de Jupiter, n'étant plus assez grande pour contenir les nombreux habitants de la Cité, Childebert ordonna, en 558, de construire une église plus vaste, qu'il dédia à sainte Marie, mère de Dieu. Cette nouvelle église était située où est maintenant le portail de la cathédrale, au pied de la tour du bourdon. Fortunat, poëte contemporain, vante beaucoup la somptuosité de ce bâtiment, qu'il compare au temple de Salomon pour la magnificence. Il dit qu'il était soutenu par trente colonnes de marbre. C'est dans cette église que Frédégonde se réfugia après avoir fait assassiner le roi Chilpéric, son époux. Cette exécrable femme trouva en Ragnemode, évêque de Paris, un confident et un soutien.

Cette église était en partage avec Saint-Étienne, et jouissait des mêmes priviléges, Saint-Étienne comme ancienneté et Sainte-Marie comme importance; elle fut même longtemps église cathédrale.

Maurice de Sully, évêque de Paris au XIIe siècle, né de parents très-pauvres, dans le village de Sully, sur les bords de la Loire, fut réduit, dans sa jeunesse, à la mendicité; mais il trouva le moyen de venir étudier à Paris, où bientôt il donna lui-même des leçons avec un éclatant succès. Son talent pour la chaire lui valut un canonicat du chapitre de Bourges, et peu d'années après, il en obtint un à Paris, avec la dignité d'archidiacre. Il fut élevé sur le siége épiscopal en 1160. Il conçut alors le projet de faire construire une nouvelle cathédrale. Il fit démolir les églises Saint-Étienne et Sainte-Marie, et sur le terrain qu'elles occupaient, il fit, en 1163, poser la première pierre de l'église que nous voyons aujourd'hui par le pape Alexandre III, réfugié en France. Jusqu'à sa mort, arrivée en 1196, Maurice de Sully consacra tous ses soins à cette église, qu'il dédia à Notre-Dame.

Pour subvenir à une dépense à laquelle eût à peine suffi le trésor d'un prince, il s'adressa à ceux qui devaient accomplir quelque pénitence, et les leur remettait en tout ou en partie, moyennant des contributions pécuniaires.

En 1182, le grand autel fut consacré par Henri, légat du Saint-Siége; la façade fut terminée sous Louis VIII, en 1223.

Pour entrer dans Notre-Dame, il faut descendre deux marches; autrefois on y montait par treize degrés qui ont disparu sous l'exhaussement du sol de la Cité.

On pénètre dans l'église par six portes, trois à la façade, qui sont la porte de la Vierge, la porte du Milieu et la porte Sainte-Anne.

Le premier portail latéral, dans la rue du Cloître, fut bâti en 1312, avec les biens pris aux templiers.

11.

En face de la rue Massillon, on voit la petite porte Rouge ou porte Saint-Marcel, bâtie vers 1404, par les soins de Jean sans Peur et de Marguerite de Bavière, sa femme, où ils sont tous deux représentés. La sixième entrée est au portail méridional, commencé le 12 février 1257, sous Louis IX, par Jehan de Chelles, d'après les ordres de Regault de Corbeil, évêque de Paris, et se nomme *portail de Saint-Étienne*, parce que les principaux traits de la vie de ce saint y sont représentés.

Les petites sculptures autour du chœur, dans l'église, sont de Jean Ravi. La rosace du grand portail a été réparée en 1731; celle du midi a été refaite en 1726, et celle du nord est encore vierge.

La façade de Notre-Dame offre les statues de plusieurs saints et de vingt-huit rois, depuis Childebert jusqu'à Philippe-Auguste. Ces statues ont été renversées en 1793, réparées et replacées en 1859. La façade est terminée par deux grosses tours carrées de 68 mètres de hauteur au-dessus du pavé; on y monte par 365 marches, autant que de jours dans l'année.

Dans la tour méridionale, il y a la grosse cloche appelée le *bourdon;* elle pèse près de 32 milliers. Fondue en 1682 et refondue en 1684, elle fut alors solennellement baptisée ou plutôt bénite; Louis XIV et la reine son épouse furent ses parrain et marraine. Elle reçut les noms de *Emmanuel-Louise-Thérèse.* Le battant pèse 976 livres.

Elle avait été démontée en 1794, dans la crainte qu'on ne s'en servît pour sonner l'alarme : elle ne fut replacée qu'à l'occasion du concordat, en 1802.

La grande nef était ornée de diverses statues; en y entrant, on voyait sur la droite, au premier pilier, une figure colossale représentant saint Christophe traversant les eaux en portant Jésus-Christ enfant sur ses épaules. Cette statue avait 9 mètres 30 cent. de hauteur.

A côté de la statue de saint Christophe, on voyait celle de son fondateur, Antoine des Essarts, à genoux sur une pierre carrée ; échappé du danger qu'il avait couru à suivre le parti du duc de Bourgogne, avec Pierre des Essarts, son frère, surintendant des finances, décapité aux Halles en 1143, il fit élever la statue colossale de saint Christophe en reconnaissance de ce que ce saint lui était apparu pendant la nuit et avait brisé les portes de sa prison.

On voyait encore un sujet représentant d'un côté un vieillard attaché à un arbre, et de l'autre ses quatorze enfants, tous armés d'un arc. Prétendant chacun avoir droit à la succession entière comme seul fils légitime à l'exclusion des autres, ils convinrent, dit-on, que celui d'entre eux qui décocherait sa flèche le plus près du cœur du vieillard serait déclaré seul héritier. L'un d'eux eut horreur de cette action barbare et aima mieux renoncer à son héritage que de percer le cœur de son père, quoique mort; à ce trait, on le reconnut pour le seul fils légitime. Il faut avouer que l'idée n'était pas très-neuve.

On voyait aussi, avant 1789, au bout de la nef et à côté du dernier pilier à droite, à l'entrée du chœur, presque vis-à-vis la chapelle de la Vierge, la statue équestre de Philippe le Bel, élevée en ce lieu par ses ordres après la victoire de Mons-en-Puelle, et le représentant au moment où il avait été surpris à la seconde attaque des Flamands, c'est-à-dire armé de son casque, visière baissée, de son épée et de ses gantelets, mais sans brassards; le cheval était caparaçonné. Le roi avait accordé une rente annuelle à Notre-Dame pour la fondation d'une fête qui se célébrait tous les ans à l'anniversaire de la bataille.

Près de la chapelle de la Vierge, on voyait l'effigie du roi Louis le Gros et celle de Philippe, son fils, avec un pourceau près de lui. Ce fils du roi passait près de l'église Saint-Merri, quand un pourceau, s'embarrassant dans les jambes de son cheval, le fit trébucher sur le pavé; la chute qu'il fit fut si cruelle qu'il en mourut.

BAS-RELIEF D'ANTOINE YVER

En entrant à gauche, sous la tour septentrionale, on remarque, près de la porte de l'escalier, un grand bas-relief qui fixe souvent l'attention des curieux par son originalité : c'est la pierre du tombeau d'un chanoine nommé Antoine Yver, mort le 24 février 1467.

Ce tableau de pierre a environ 3 mètres de haut sur 1 mètre 30 centimètres de large ; la partie supérieure représente le jugement dernier : Jésus-Christ, environné de ses anges, lance de sa bouche deux glaives ; il a sous ses pieds un globe et dans la main un livre ouvert sur lequel on lit : *Miserebor cui voluero, et clemens ero in quem mihi placuerit.* Au-dessous de la tête on lit sur une banderole : *Clamabant alterutrum sanctus, sanctus.*

La seconde partie du tableau représente un homme qui sort nu d'un tombeau, sur lequel on voit un cadavre d'homme ayant les cheveux courts et les mains jointes. Sur sa tête on lit : *Et non intres, Domine, in judicium cum servo tuo.* Cette figure d'homme suppliant est tournée de profil et placée entre saint Étienne et saint Jean l'Évangéliste, qui tient une coupe remplie de serpents ; au bas du tableau est la longue épitaphe d'Antoine Yver, licencié en droit canonique, chanoine de cette église et de celle de Rouen, conseiller du roi en sa cour de Parlement, originaire de Péronne, diocèse de Noyon. Avant de mourir, Yver avait légué 200 écus pour fonder un obit pour le repos de son âme. On l'inhuma dans la chapelle Saint-Nicolas, contre le mur de laquelle ce tableau de pierre fut longtemps attaché.

GALERIE SOUTERRAINE

Dans les compartiments séparant la nef des bas côtés, s'ouvrant sur le pavé de l'église, trois trappes en bois ferment les entrées de la grande cave pratiquée sous la nef, en 1766, pour la sépulture des chanoines.

Depuis la défense que l'on fit d'inhumer dans les églises, ce caveau fut condamné. Il y avait plusieurs années qu'on n'était descendu dans cette galerie souterraine, quand j'eus l'occasion de la visiter dans tous ses détails qui sont vraiment curieux pour un amateur de sculptures.

SACRE DE PÉPIN LE BREF

En 754, le pape Étienne sacra dans cette église Pépin le Bref, ainsi que ses deux fils et leur mère.

LE DRAGON DE SAINT MARCEL

Jusqu'au commencement du xviii° siècle, il existait à Notre-Dame un singulier usage, reste de la naïve crédulité de nos pères. Aux processions des Rogations, on portait la figure d'un grand dragon d'osier, à la gueule béante, dont le peuple s'amusait beaucoup ; le plus adroit s'exerçait à jeter en passant, dans sa gueule, des fruits ou des gâteaux.

On croit que cette procession du dragon avait lieu en mémoire du serpent monstrueux dont saint Marcel délivra la ville. On cessa, vers 1720, de porter le dragon aux processions des Rogations, mais on conserva l'usage de bénir la rivière, de même que dans les campagnes on bénit les champs et les fruits de la terre.

FÊTE DU PAPE DES FOUS

Jadis on célébrait, à Noël, dans l'église Notre-Dame, la fête du *pape des fous*, dont Victor Hugo a donné une si belle description dans sa *Notre-Dame de Paris*. Ce fut Eudes de Sully qui supprima cette fête, en 1198.

FÊTE DE LA PENTECOTE

Au XIIIᵉ siècle, on observait dans cette église, le jour de la Pentecôte, pendant l'office divin, l'usage de jeter, du haut des voûtes, des pigeons, des oiseaux, des fleurs, des étoupes sous la forme de langues de feu, et des pâtisseries connues sous le nom d'oublies. Au moment où l'on chantait l'hymne *Veni creator,* un coulon blanc était lâché du haut des voûtes, pour figurer la descente du Saint-Esprit sur les apôtres. Le peuple se plaisait infiniment à ces sortes de spectacles, où son imagination était émue par des images vives et frappantes.

LA GRANDE BOUGIE

Après la bataille de Poitiers où le roi Jean avait été fait prisonnier, le 19 septembre 1356, Paris, divisé par les factions, était en proie aux troubles et à l'anarchie ; pour intéresser le ciel en leur faveur, les bourgeois firent un vœu d'une espèce singulière : ce fut d'offrir tous les ans à l'église Notre-Dame une *bougie* de la longueur de l'enceinte de la ville de Paris. En conséquence, le 14 août 1357, veille de l'Assomption, le corps municipal présenta en cérémonie à l'évêque et au chapitre assemblé cette nouvelle offrande pour la première fois. Elle eut lieu tous les ans, jusqu'à l'époque de la Ligue.

En 1605, Paris s'étant considérablement agrandi, la bougie fut remplacée par une lampe d'argent.

HENRI VI D'ANGLETERRE

COURONNÉ ROI DE FRANCE

On lit dans Corrozet le passage suivant :

« L'an mil cccc xxxij (il s'est trompé, cet événe-
« ment eut lieu le 17 septembre 1430), Henri VIe
« du nom, roy d'Angleterre, âgé de douze ans, estant
« passé en France après le trépas de son père, vint à
« Paris en bonne compagnie d'Anglois, et fut cou-
« ronné roy de France par le cardinal de Vincestre
« en la grande église Nostre-Dame de Paris ! duquel
« royaume usurpé par lui à faulx tiltre il ne jouyt
« longuement. »

MARIAGE D'HENRI IV

Le 18 août 1572, six jours seulement avant le massacre de la Saint-Barthélemy, le mariage du roi de

Navarre, depuis Henri IV, avec Marguerite de Valois,
fut pompeusement célébré à Notre-Dame.

LA BANDE A CARTOUCHE

En 1728, cette cathédrale fut le théâtre d'un événement funeste qui mérite de trouver place ici, à
cause de sa singularité :

« Le jour de Pâques de cette année, une troupe
« de voleurs que l'on présuma, depuis, être de la
« bande de Cartouche, profita de la solennité qui ras-
« semblait dans la métropole un grand nombre de
« fidèles, pour mettre à exécution un complot ourdi
« avec une hardiesse inouïe.

« Quelques-uns d'entre eux s'étant introduits, dès le
« matin, dans la charpente de l'église par le moyen
« des échafauds élevés pour le rétablissement de la
« voûte de la croisée, les autres se distribuèrent en
« deux divisions, dont l'une s'éparpilla dans l'église
« et l'autre se posta aux alentours des différentes
« portes.

« Au premier verset du second psaume des vêpres,
« moment convenu pour le coup de main, les vo-
« leurs ayant fait tomber du haut de l'édifice des
« moellons, des outils et des échelles, d'autres de
« leurs complices, confondus dans la foule, se mirent

« à crier d'une voix effrayante que la voûte tombait
« et entraînèrent dans leur fuite combinée la multi-
« tude épouvantée. A l'instant les diverses issues de
« l'église se trouvèrent tellement embarrassées, qu'il
« y eut plusieurs personnes étouffées dans la presse,
« d'autres grièvement blessées; enfin, pendant ce
« tumulte, les voleurs pillèrent montres, tabatières,
« boucles d'oreilles, etc., et disparurent sans que
« jamais on ait pu rien découvrir, malgré les recher-
« ches que fit la police.

« Il y eut dans cette catastrophe plus de quatre
« cents personnes blessées ou tuées. »

ABOLITION DU CULTE CATHOLIQUE

Le 10 novembre 1793, la Convention nationale décréta, sans discussion, l'abolition du culte catholique
et le remplacement de ce culte par celui de la *Raison,*
et changea par ce décret le nom de l'*église Notre-Dame*
en celui de *temple de la Raison.*

Le même jour, on éleva dans la nef de ce temple
une montagne factice dont le sommet était couronné
par un temple d'une architecture simple, portant
pour inscription au-dessus de la porte d'entrée : *A la
Philosophie.*

Sur le penchant de la montagne s'élevait un autel

orné de guirlandes de chêne, et supportant le flambeau de la Vérité. Deux rangées de jeunes filles vêtues
de blanc, couronnées de chêne, et tenant à la main
un flambeau, descendirent de la montagne. Peu après,
la Raison, représentée par une jeune et belle femme
vêtue d'une draperie blanche, recouverte à moitié
par un manteau bleu céleste, les cheveux épars et
coiffée d'un bonnet phrygien, sortit du temple de la
Philosophie et vint s'asseoir sur un banc de gazon
où elle reçut les hommages et les serments des mor-
tels au son d'une musique bruyante et des chants
d'allégresse. Le soir, la Convention en masse se rendit
au temple pour y chanter avec le peuple l'hymne à
la Raison...

Le 28 germinal an X (18 avril 1802), le jour de
Pâques, une fête solennelle fut célébrée dans l'église
Notre-Dame en l'honneur de la signature du concordat et du rétablissement de la religion catholique
en France.

SACRE DE NAPOLÉON Ier

Le 2 décembre 1804, la cérémonie du sacre de
Napoléon Ier, malgré un froid rigoureux, fut exécutée
avec la plus grande magnificence. Le pape Pie VII,
l'Empereur, l'Impératrice et toute la cour partirent

des Tuileries, à dix heures, pour se rendre à la cathédrale. L'Empereur et l'Impératrice furent bien et dûment oints par le Pape, mais Napoléon posa lui-même la couronne impériale sur sa tête.

La cérémonie du couronnement de Bonaparte fut sans contredit la plus somptueuse et la plus solennelle de toutes celles qui eurent lieu dans la basilique de Notre-Dame.

MARIAGE DU DUC DE BERRI

C'est encore dans cette église que le mariage de Charles-Ferdinand, duc de Berri, né à Versailles le 24 janvier 1778, avec Marie-Caroline-Ferdinande-Louise, princesse des Deux-Siciles, eut lieu le 17 juin 1816.

On y a aussi célébré, le 2 mai 1841, le baptême du comte de Paris.

LE BOURDON

Le 1er novembre 1843, fête de la Toussaint, à midi, lorsque le bourdon était lancé à toute volée, le battant s'en est détaché tout à coup. Cette masse énorme traversa, dans sa chute, trois étages et s'arrêta là.

Trois personnes ont été blessées; l'une d'elles, le sieur Mazarin, sonneur, fut atteint à la tête d'un éclat de charpente et transporté immédiatement à l'Hôtel-Dieu.

Depuis cet accident, le bourdon, resté muet, s'est fait entendre, pour la première fois, le 1er avril 1851.

MARIAGE DE NAPOLÉON III

Le 30 janvier 1853, célébration et bénédiction, par l'archevêque de Paris, du mariage de S. M. Napoléon III, Empereur des Français, avec Eugénie de Montijo, comtesse de Téba.

ANTIQUITÉS

Le 23 octobre 1847, en exécutant des travaux de terrassement sur la place du Parvis pour le pavage de cette place, la pioche du travailleur a rencontré de nombreuses pierres de taille provenant évidemment de constructions très-anciennes, des blocs de marbre de couleurs différentes, un fût de colonne de marbre aussi de couleur, et, devant la rue d'Arcole, un massif de construction romaine, épais de 2 mètres et demi, sur une longueur de 8 à 10 mètres. En novembre, au fond d'une espèce de puits mis à découvert au milieu des constructions romaines que l'on fouilla devant le portail, les ouvriers ont trouvé quatre médailles antiques.

Le 27 novembre, en poursuivant les travaux de déblai devant la tour du sud, peu au-dessous du niveau du sol, on rencontra des restes de constructions romaines, partie en pierre, partie en brique. En les dégageant, on trouva aussi plusieurs médailles antérieures à Julien.

On a cru reconnaître, dans ces constructions, un hypocauste avec ses conduits (bouches de chaleur). On découvrit encore, au même endroit, des pans de murs épais de 2 mètres, faits en ciment et silex, comme le palais des Thermes. Au milieu de ces constructions, on en a reconnu de dates plus récentes, en pierres de taille, et sur une de ces pierres on voit les lettres suivantes, assez bien conservées : V. E. N. A. Le 14 décembre, une nouvelle découverte fut faite dans les mêmes fouilles; c'est un souterrain qui, du parvis, se dirige vers la porte d'entrée de la tour du Nord.

RÉPARATION DE LA CATHÉDRALE

Beaucoup de personnes ont pensé que Notre-Dame était fondée sur pilotis, mais cette opinion a été reconnue fausse. En 1856, lorsque l'on fit des fouilles, on descendit à 2 pieds au-dessous des fondations de l'église, qui avaient 24 pieds de profondeur, et l'on reconnut qu'elles reposaient sur un gravier ferme sans pilotis.

Depuis le mois de juin 1845, on travaille à réparer l'église et les tours de Notre-Dame; ces travaux, exécutés sous la conduite de MM. Lassus et Violet-le-Duc, sont considérables et encore loin d'être finis. Je passe sur des dissertations d'architecture qui pourraient donner de l'ennui aux lecteurs.

FONTAINE NOTRE-DAME

CHAPITRE IX

PALAIS DE L'ARCHEVÊCHÉ

Il occupait, au midi de la cathédrale, l'emplacement du premier palais archiépiscopal construit vers la fin du XIIᵉ siècle par Maurice de Sully, évêque de Paris.

Suivant l'abbé Lebeuf, c'était dans la première cour de l'archevêché qu'était jadis le siége de l'officialité, où se faisaient les monomachies ou duels entre les champions pour la décision de certaines causes.

Dans une autre cour était la prison de l'archevêché, une des plus anciennes et des plus malsaines de Paris.

Sous le règne de Louis XVI, les prisons bourgeoises ou privées étaient encore très-multipliées ; elles étaient une source d'abus d'autant plus révoltants, que les magistrats n'avaient pas le droit de les visiter.

Après les événements de 1789, la prison de l'archevêché fut supprimée, ainsi que toutes les prisons particulières.

Le palais devint l'habitation du chirurgien en chef de l'Hôtel-Dieu, et sa chapelle fut convertie en amphithéâtre d'anatomie jusqu'en 1802.

C'est dans la grande salle de l'archevêché que l'Assemblée nationale tint, à Paris, sa première séance, le 19 octobre 1789, à son retour de Versailles ; et c'est là qu'elle décréta que les biens du clergé étaient propriété nationale.

Sous l'Empire, ce palais fut restauré et richement meublé par Napoléon Ier.

Le 14 février 1831, le palais de l'archevêché fut saccagé ; voici pourquoi : Le curé de Saint-Germain-l'Auxerrois célébra un service funèbre en commémoration de la mort du duc de Berri. Le buste de ce

prince fut promené dans ladite église. Cette ma-
nifestation imprudente servit de prétexte à quelques agitateurs pour se livrer à des excès auxquels on devait s'attendre. La croix qui surmontait
l'édifice fut renversée, l'église dévastée de fond
en comble. Quand les furieux n'eurent plus de
belles sculptures à mutiler, de tableaux à déchi-
rer, ils se portèrent en foule au palais archiépiscopal, en criant : « Mort à l'archevêque! mort à
l'archevêque! » Ils recommencèrent alors les mêmes
profanations : les statues, les meubles, les livres
furent jetés dans le fleuve, les appartements dé-
pouillés, on s'en prit même aux pierres. La démolition commença avec un ensemble, un sang-froid
extraordinaires. M. de Quélen, archevêque de Paris,
fut sauvé par un savant illustre, Geoffroy Saint-Hilaire le père.

Sur l'emplacement du palais de l'archevêché, on
forma une belle esplanade plantée d'arbres et en-
tourée d'une grille, formant une charmante prome-
nade ornée d'une jolie fontaine gothique.

FONTAINE NOTRE-DAME

Cette fontaine s'élève derrière le chevet de la cathédrale. Elle offre, dans sa composition, un mélange du style d'architecture en honneur aux XIIIe et XIVe siècles.

Elle fut faite sous la direction de M. Alph. Vigoureux. Un clocheton pyramidal s'élève au-dessus d'un bassin, et présente une niche à jour dans laquelle est placée une statue de la Vierge. Plus bas, on voit trois anges foulant aux pieds trois dragons qui lancent de l'eau; ce morceau est vraiment admirable, mais il est mal placé dans un quartier peu fréquenté par la population parisienne.

RUE BOSSUET

Elle commence aux quais de l'Archevêché et Napoléon, en face le pont de la Cité, et finit aux rues Chanoinesse et du Cloître-Notre-Dame.

Le percement de cette rue date de l'an XII; sa longueur est de 12 mètres. La dénomination affectée à cette voie publique rappelle le célèbre Bossuet, évêque de Meaux, né à Dijon en 1627, mort en 1704.

RUE DU CLOITRE-NOTRE-DAME

Elle commence à la rue Chanoinesse, n° 1, finit au Parvis Notre-Dame et à la rue d'Arcole, n° 19.

Cette rue occupe pour la plus grande partie l'emplacement de l'ancien cloître Notre-Dame, dont elle a retenu le nom.

On entendait sous le nom de cloître Notre-Dame tout l'espace compris depuis le pont de l'Archevêché, en suivant le quai, jusqu'à la rue des Chantres, où était une des portes du cloître ; en partant de là, et suivant la rue Basse-des-Ursins jusqu'à la rue de la Colombe, au bout de cette rue et de celle des Marmousets, on rencontrait une seconde porte ; suivant ensuite l'alignement qui va rejoindre la porte des tours de Notre-Dame du côté septentrional de l'église, on se trouvait à la porte principale. Près de cette porte, à l'alignement de la façade de Notre-Dame, était l'église Saint-Jean-le-Rond.

ÉGLISE SAINT-JEAN-LE-ROND

Cette chapelle était située à l'entrée du cloître,

presque dans l'alignement de la façade de Notre-Dame.

On y voyait une cuve, ou bassin, destinée aux baptêmes ; les fonts baptismaux étaient jadis à Saint-Germain-le-Vieux ; mais, au xiiie siècle, on construisit, près de Notre-Dame, une petite église de forme ronde, d'où lui vint le nom de *Saint-Jean-le-Rond*. Elle fut démolie en 1748, et les baptêmes se firent à Saint-Denis-du-Pas.

ÉGLISE SAINT-DENIS-DU-PAS

Était située au chevet de l'église Notre-Dame. L'origine de cette église excita les contestations les plus vives entre les historiens. Malheureusement, le feu de la dispute n'a pas allumé le flambeau de la vérité.

Ce qu'il y a de certain, c'est qu'elle existait sous le règne de Louis VI et peut-être auparavant.

Son bâtiment tombait en ruine ; il fut reconstruit après l'an 1148, et ne portait alors que le nom d'*Oratoire*.

Lorsqu'en 1748, on abattit l'église Saint-Jean-le-Rond, le chapitre et le titre de paroisse de cette église démolie furent attribués à celle de Saint-Denis-du-Pas, qui, par suite des événements de la Révolution, fut affectée au service de l'Hôtel-Dieu, ainsi que la palais archiépiscopal, et convertie en une sàlle de réception pour l'admission des malades.

Son nom *du Pas* lui vint de sa situation près du petit passage de la rivière, puisqu'on appelle *pas* tout détroit qui est entre deux terres et que, dans notre ancien langage français, *pas* et *passage* sont synonymes.

Saint-Denis-du-Pas fut démolie, et sur son emplacement on fit une place que les plans de 1808 et 1811 indiquent sous le nom de *place Fénelon*. On y voit aujourd'hui la fontaine Notre-Dame.

RUE CHANOINESSE

Elle commence à la rue du Cloître-Notre-Dame, finit aux rues des Marmousets et de la Colombe.

Voisine de la cathédrale, elle a pris son nom des chanoines qui l'habitaient ; elle a porté aussi les noms de *rue du Cloître, rue des Chanoines* et enfin *rue Chanoinesse*.

Cette rue est déserte, tortueuse et peu habitée ; elle a 175 mètres de longueur ; le dernier numéro impair est 11, le dernier pair 22.

Au fond de la maison n° 22, dans une espèce de souterrain, était la chapelle Saint-Agnan.

CHAPELLE SAINT-AGNAN

Elle fut fondée, en 1118, par Étienne de Garlande, archidiacre de Paris et doyen de Saint-Agnan d'Orléans ; il donna pour sa dotation la maison qu'il possédait dans le cloître Notre-Dame, et trois clos de vignes, dont deux étaient situés au bas de la montagne Sainte-Geneviève et l'autre à Vitry. Le pavé de cette chapelle offrait un témoignage de l'exhaussement considérable du sol de la Cité.

Supprimée en 1790, elle devint propriété nationale, fut vendue le 28 septembre 1791, et abattue en 1795. C'est aujourd'hui une propriété particulière qui occupe son emplacement.

En 1799, dans les fondations d'une maison voisine, on découvrit plusieurs petits pots de terre cuite, tels qu'il s'en trouve dans quelques tombeaux du moyen âge, ce qui fait présumer qu'on enterrait autour de cette chapelle, qui n'était ouverte au public que le 17 novembre, jour de la fête de ce saint.

RUE MASSILLON

Elle conduit de la rue du Cloître à la rue Chanoinesse. Elle exista longtemps sans aucun nom.

Elle faisait partie du cloître Notre-Dame ; le plan de Verniquet ne lui donne aucune dénomination. Le nom qu'elle porte aujourd'hui rappelle le célèbre prédicateur Massillon, né à Hyères en Provence, en 1663, et mort à Paris en 1742.

Massillon a prononcé quelques oraisons funèbres : elles passent pour être inférieures à ses autres discours ; son *Éloge* de Louis XIV est remarquable surtout par la première phrase : « Dieu seul est grand, « mes frères. » Ces paroles sont superbes, prononcées en regardant le cercueil de celui qui avait pris le soleil pour emblème.

La *rue Massillon* n'est guère fréquentée que par des gens d'église : elle a 52 mètres de longueur.

RUE DE LA COLOMBE

Elle commence au quai Napoléon, finit aux rues Chanoinesse et des Marmousets.

En 1223, elle portait déjà ce nom, qu'elle doit vraisemblablement à une enseigne. Autrefois, cette rue n'allait pas jusqu'au quai ; elle finissait à la rue Basse-des-Ursins.

Sa longueur est de 73 mètres. Le côté oriental de

cette rue était occupé par l'église Saint-Agnan et la chapelle *Monsieur de Paris*.

RUE DES CHANTRES

Commence à la rue Basse-des-Ursins (ci-devant rue d'Enfer), finit à la rue Chanoinesse.

Un titre de 1540 lui donne cette dénomination qu'elle doit aux chantres de Notre-Dame qui l'avoisinaient et qui probablement l'ont habitée.

C'est au nº 1, dans cette rue, qu'est la fameuse maison d'Héloïse et Abélard. On lit dans la cour l'inscription suivante :

ABÉLARD, HÉLOÏSE HABITÈRENT CES LIEUX.

Sur un grand mur on lit encore :

ABÉLARD, HÉLOÏSE, 1118.

Tout porte à croire que l'escalier en spirale, dont les marches en bois attestent par leur vétusté une longue existence, est l'escalier que montait avec tant d'émotion l'illustre amant d'Héloïse et qui fut si souvent témoin de leurs tendres adieux. On est aussi porté à croire que c'est dans une petite pièce qui donne sur cet escalier qu'était le cabinet de travail d'Héloïse, et que c'était là que les deux amants « *ou-vraient leurs livres*, mais qu'ils avaient plus de paroles d'amour que de lecture, plus de baisers que de phrases. »

On ne regarde pas cette maison, où furent heureux le maître et l'élève, sans éprouver un serrement de cœur et une tendre émotion.

DEUXIÈME PARTIE

Après avoir visité la partie orientale de la Cité, nous allons examiner la partie occidentale, c'est-à-dire celle qui s'étend de la rue de la Barillerie à la statue de Henri IV.

Cette portion de Lutèce, quoique d'une nuance différente de la première, n'en est pas moins curieuse et évoque encore des souvenirs et des impressions qui s'effacent tous les jours.

TOURS DU PALAIS-DE-JUSTICE

CHAPITRE X

PALAIS-DE-JUSTICE

Il était réservé à notre époque de continuer l'œuvre inachevée des siècles précédents, et de mettre la dernière main à des monuments vénérables, sans leur ravir le cachet précieux des temps où ils ont été élevés.

Nous allons jeter un regard rétrospectif sur l'origine de ce palais de nos premiers rois.

Tout porte à croire que ce vaste édifice existait avant l'invasion des Francs dans les Gaules. Il fut réparé, agrandi ou rebâti par les maires qui s'emparèrent du pouvoir sous les rois de la première race.

Eudes, comte de Paris, est le premier qui y transporta sa demeure pour qu'elle fût mieux défendue contre les attaques des Normands; c'est lui qui fit bâtir toutes les tours qui en fortifiaient l'enceinte, et dont plusieurs existent encore.

Robert le Pieux fit construire la chambre de la Conciergerie qui fut depuis la chambre nuptiale de saint Louis, la chapelle de la Conciergerie et celle de la Chancellerie.

Louis le Gros mourut dans ce palais, en 1137, et Louis le Jeune, en 1180. Philippe-Auguste y épousa en secondes noces Ingelburge, sœur du roi de Danemark.

On doit à saint Louis la construction de la Sainte-Chapelle, de la grande salle, de la grande chambre et des cuisines qui portent son nom.

Philippe le Bel y fit faire plusieurs reconstructions qui furent achevées en 1313; depuis, Louis XI, Charles VIII et Louis XII y ajoutèrent encore de nouveaux bâtiments.

Plusieurs rois habitèrent encore ce palais, quoique

le Louvre fût devenu leur demeure la plus ordinaire pendant leur séjour à Paris.

Lorsqu'en 1364, Charles V abandonna ce palais pour aller habiter l'hôtel Saint-Paul, ce n'était encore qu'un assemblage de grosses tours qui communiquaient les unes aux autres par des galeries.

La tour de l'Horloge, ainsi que ses accessoires, décèle le genre d'architecture du xive siècle.

SALLE DES PAS-PERDUS

La vieille grande salle du moyen âge, aujourd'hui salle des Pas-Perdus, fut consumée par un incendie, ainsi qu'une chapelle et plusieurs corps de bâtiment contigus, dans la nuit du 5 au 6 mars 1618.

Dans cette salle, debout, immobiles, appuyés sur leur glaive ou leur sceptre, vêtus de fer ou d'hermine, chevelus ou barbus, figuraient tous les rois de France, depuis Pharamond jusqu'à Philippe le Bel.

Là se trouvait la célèbre *table de marbre* qui remplissait tout entière l'une des extrémités de la salle; cette table où les enfants de Robert le Fort donnaient leurs festins royaux, où la basoche représentait, *aux jours des grands esbattemens et joyeusetés*, ses farces, ses moralités, ses sotties. C'était aussi sur cette table que se faisaient avec pompe, en présence du peuple, les noces des enfants de France.

Au mariage de Catherine de France avec Henri V, roi d'Angleterre, il y eut un si grand concours de monde, que plusieurs personnes y furent étouffées, et que le roi Charles VI, père de la mariée, courut lui-même risque de la vie.

La table de marbre servait encore de tribunal quand les maréchaux y rendaient leurs arrêts; de réfectoire quand les empereurs, rois, reines et princes du sang y siégeaient dans les festins publics; de pilori, quand on y exposait quelque illustre coupable aux yeux de la foule circulant à l'entour.

Un pavé de marbre blanc et noir, une magnifique voûte en charpente, toute peinte en or et en argent, des lambris de bois de chêne sculpté et rehaussé d'or et d'azur, de même que les piliers massifs qui soutenaient les arceaux du plafond, tels étaient les ornements de cette grande salle, où retentirent pendant trois siècles les pas et les cris de tant de générations. Elle fut détruite en 1618; Jacques de Brosse fut chargé de sa reconstruction et la termina en 1622. Elle se compose de deux immenses nefs parallèles, voûtées en pierres de taille, et séparées par un rang d'arcades qui portent sur des piliers décorés de pilastres doriques. Ce vaste local ne reçoit le jour que par les grands cintres vitrés qui sont à l'extrémité de chaque nef.

LES CUISINES DE SAINT LOUIS

Au-dessous de la salle des Pas-Perdus est un étage inférieur aussi étendu qu'elle, que des murs de refend divisent en plusieurs pièces. L'architecture de cet étage inférieur est sarrazine, les voûtes sont en ogive avec des nervures qui en dessinent les arêtes.

On y trouve une salle très-vaste, bâtie dans le même style et plus élevée que les pièces contiguës. Aux quatre angles sont quatre cheminées de grandes dimensions, et remarquables par leur construction. Cette salle est nommée *les cuisines de saint Louis*. On y voit un escalier par lequel on montait à la salle supérieure, sans doute pour y transporter les mets lorsque les rois y donnaient des festins.

Près de ces cuisines, un autre escalier descendait jusqu'à la rivière.

A la salle des Pas-Perdus aboutissent presque toutes les issues qui conduisent aux divers tribunaux. Tout auprès s'ouvre le long couloir au bout duquel siége la Cour de cassation, dont la salle fut, dit-on, la chambre à coucher de saint Louis. Cette pièce était une salle de cérémonie au temps de Louis XII, qui la fit richement décorer à l'occasion de son mariage avec la fille de Henri VII. Plus tard, elle fut restaurée par Louis XIV. C'est là que siégeait, en 1793, le tribunal révolutionnaire. C'est seulement depuis l'avénement de Napoléon Ier au trône impérial que cette salle fut consacrée aux audiences de la Cour de cassation.

STATUE DE MALESHERBES

En 1821, on érigea contre l'arcade du milieu de la salle des Pas-Perdus, du côté du midi, un monument à la mémoire de Malesherbes. Il se compose d'un soubassement ayant de chaque côté deux piédestaux saillants, supportant les statues allégoriques de la France et de la Fidélité. Au-dessus du soubassement s'élève un stylobate supportant deux colonnes ioniques surmontées d'un fronton. Derrière ces colonnes est une niche dans laquelle est posée, sur un socle, la statue de Malesherbes, représenté debout au moment où il prononce la défense de Louis XVI.

LA COUR DU MAI

Un terrible incendie, qui éclata le 10 janvier 1776, nécessita la reconstruction d'une partie considérable de l'intérieur du Palais. MM. Moreau, Desmaisons, Couture et Antoine, architectes et membres de l'Académie d'architecture, furent chargés d'entreprendre les travaux propres à opérer le raccommodement de ce vaste ensemble. Leur plan embrassa non-seulement la cour actuelle, mais le nouvel alignement des rues adjacentes et le tracé de la place demi-circulaire qui fit longtemps face au principal corps de bâtiment. Celui-ci s'élève au fond de la cour, sur un perron auquel on arrive par un grand escalier qui donne assez de noblesse à cette masse, d'ailleurs peu remarquable par le caractère de son architecture. Un corps avancé de quatre colonnes doriques orne la façade, composée, du reste, d'un rang d'arcades à rez-de-chaussée et de fenêtres en attique. Une sorte de dôme quadrangulaire couronne le pavillon central. Au bas du perron et de chacun de ses côtés sont deux arcades, dont l'une conduit au tribunal de police, et l'autre donne entrée dans ce qu'on appelle *la Conciergerie*, prison bâtie sur le terrain qu'occupait anciennement le jardin, et qu'on appelait alors le *Préau du Palais*. On trouve dans l'aile droite un grand et bel escalier richement orné qui conduit à la grande salle du Palais. Celui de la cour criminelle, construit à la même époque, est également remarquable. Les deux ailes sont réunies sur la rue par une grille qui ferme la cour, qu'on appelle encore *Cour du Mai*.

14.

Jusqu'en 1787, l'entrée du Palais-de-Justice resta formée de deux petites portes cintrées en guichet de prison, qui y donnaient accès en s'ouvrant sur la rue de la Barillerie, alors ruelle étroite et sombre. A cette époque, Louis XVI fit déblayer les ignobles bâtiments qui encombraient la rue et la place ; la façade fut rajustée, la cour s'étendit derrière une grille remarquable par le goût et la richesse ; un grand et bel escalier conduisit à la galerie par un péristyle, au front duquel on plaça les figures de la Justice, de la Prudence et de la Force. C'est au bas du grand escalier que s'exécutaient, dans certains cas, les sentences rendues contre les accusés. Là fut lacéré et brûlé publiquement par les mains du bourreau, le 11 juin 1762, l'*Émile ou Traité d'éducation* de J.-J. Rousseau, condamné par arrêt du Parlement du 9, même mois. — Le 21 juin 1786, à six heures du matin, la comtesse de la Motte, condamnée le 31 mai, pour l'affaire du collier, dans laquelle était compromis le cardinal de Rohan, à être fouettée, marquée sur les deux épaules de la lettre V, à faire amende honorable la corde au cou, et à être enfermée à l'hôpital à perpétuité, fut conduite au pied du grand escalier, où on lui fit lecture de son arrêt. Cette lecture la mit dans une fureur impossible à décrire. Aussitôt, cinq à six bourreaux s'emparèrent de sa personne, la jetèrent à terre, et, tant bien que mal, celui de Paris fit son office de la fustiger et de

la marquer sur chaque épaule, pendant qu'elle vo-
missait des imprécations contre les juges et le cardinal. On la conduisit immédiatement après à l'hôpital
de la Salpêtrière, d'où elle s'évada en juin 1787. —
Avant la Révolution, un grand arbre était planté tous
les ans, le dernier samedi de mai, par les clercs de
la Basoche, au bas de cet escalier; des deux côtés de
cet arbre se voyaient les armes de la Basoche, qui
étaient d'azur à trois écritoires d'or, et qui avaient
deux anges pour supports. — En 1599, le Parlement
fit faire un montoir de pierre dans la cour du Mai,
pour que les anciens conseillers pussent remonter
plus facilement sur leurs chevaux ou sur leurs
mules; alors un conseiller, dit Saint-Foix, offrait à
son confrère la croupe de son cheval, comme il lui
offre aujourd'hui une place dans son carrosse. — Le
24 juin 1594, jour de la Saint-Jean, on fit un grand
feu de joie au milieu de la cour du Palais, où on
brûla la Ligue, le légat et les Seize; on y avait peint
toutes sortes de moines, prêtres et gens d'église, dont
beaucoup de peuple murmura (*Journal de L'Étoile*,
sous Henri IV).

MONUMENT ANTIQUE

En 1784, on découvrit, à une grande profondeur,

dans une fouille qui fut faite sous les bâtiments qui bordent la rue de la Barillerie, en avant de la Sainte-Chapelle, un cippe quadrangulaire haut d'environ 3 mètres. Sur l'un de ses côtés, on reconnaît facilement le dieu Mercure, représenté avec tous ses attributs. Sur une autre face, on voit une image d'Apollon armé de l'arc et du carquois. Il tient d'une main un poisson, et de l'autre s'appuie sur un gouvernail. Le troisième côté représente une femme qui porte un caducée. Enfin, sur la dernière face, se trouve un jeune homme couvert du *paludamentum*. Il a des ailes et tient dans la main droite un globe ; il pose le pied sur un gradin et semble prêt à s'élancer dans les airs. Ce cippe est d'une pierre commune pareille à celle des sculptures de l'autel des *Nautes parisiens,* érigé sous Tibère et trouvé, en 1711, sous le chœur de l'église Notre-Dame. Ce cippe est à la Bibliothèque impériale.

LA SAINTE-CHAPELLE DU PALAIS

La profonde vénération de Louis IX pour les reliques qu'il avait acquises de l'empereur Beaudoin, l'engagea à faire élever un monument spécialement destiné à les contenir ; c'est pour satisfaire à ce pieux désir que, par lettres patentes datées de l'an 1245, il fonda la Sainte-Chapelle, qui paraît avoir été élevée sur l'emplacement d'une petite *chapelle Saint-Nicolas,* fondée par Louis le Gros.

Pierre de Montereau, habile architecte de cette époque, fut choisi par saint Louis pour élever ce monument, qu'il termina dans l'espace de trois ans, et pour lequel il dépensa la somme de quarante mille livres tournois (environ sept cent quatre-vingt-dix mille francs). Les reliques et les châsses avaient coûté cent mille livres tournois (environ un million neuf cent soixante-quinze mille francs).

Dans l'origine, ce monument se composait de la grande chapelle à deux étages qui existe encore, et d'une sacristie en forme de chapelle qui se trouvait accolée à la façade du nord ; dans l'étage supérieur de cette sacristie se trouvait le trésor des chartres. La chapelle haute n'avait de communication avec le Palais que par une large galerie ; elle servait uniquement de chapelle royale. La chapelle basse était consacrée aux domestiques du palais.—En 1783, les constructions faites en remplacement des bâtiments détruits par l'incendie du Palais en 1776 occasionnèrent la démolition de la sacristie de la Sainte-Chapelle. Sous Louis XIV, on avait construit une nouvelle flèche qui, à cause de son mauvais état, fut détruite quelques années avant la Révolution de 89. On vient de refaire cette flèche qui est des plus remarquables.

On peut regarder la Sainte-Chapelle comme une

église modèle, autant pour la pureté du plan et l'élégance de sa construction que pour la richesse des sculptures qui la décorent. Les plus beaux vitraux, admirables par l'expression du dessin et la vivacité des couleurs, garnissent les croisées ; ils représentent l'histoire de l'ancien et du nouveau Testament ; les douze apôtres, adossés aux principaux piliers, sont remarquables par la pureté du dessin, l'élégance et le bon goût des draperies, ainsi que par le fini de l'exécution. Derrière le maître-autel, au rond-point de l'église, est une voûte posée sur quatre piliers formant une grande arcade en ogive, ornée de sculptures, de dorures et d'incrustations imitant les pierres précieuses ; c'est là que se trouvaient les châsses renfermant les saintes reliques.

En l'année 1791, les reliques furent retirées de leurs châsses, qui étaient d'or et garnies des plus belles pierres de couleur que produise l'Orient. Ce dépouillement se fit en présence de Bailly, maire de Paris ; de l'évêque de Paris, Gobel ; du chantre de la Sainte-Chapelle, de l'huissier-priseur Poultier ; de Doyen, peintre du roi, et de M. Lenoir, commissaire des objets d'art. Les reliques furent remises à l'évêque de Paris pour être déposées à l'église Notre-Dame ; l'or et les pierres précieuses furent portés à l'hôtel des Monnaies.

Charles VI et Isabeau de Bavière furent couronnés dans la Sainte-Chapelle, le 23 août 1389.—Le célèbre

Boileau-Despréaux, né dans une mansarde d'une maison située dans la cour du Palais-de-Justice, fut enterré dans la basse Sainte-Chapelle, en 1711.

Avant la Révolution, une cérémonie qui occasionnait des indécences de plus d'un genre s'exécutait de temps immémorial la nuit du vendredi au samedi-saint à la Sainte-Chapelle. A minuit, tous les soi-disant possédés qui voulaient être guéris du diable qui les tourmentait se rendaient dans cette église, où le grand chantre les touchait avec du bois de la *vraie croix.* Aussitôt leurs hurlements cessaient, leur rage se calmait, leurs contorsions s'arrêtaient et ils rentraient dans leur état naturel. Ces énergumènes étaient tout bonnement des mendiants qu'on exerçait de longue main et qu'on payait pour jouer un pareil rôle. Cette indécente cérémonie fut définitivement supprimée en 1781.—Sous le Directoire, le club, dit *Cercle de la Sainte-Chapelle,* tenait ses séances dans cet édifice. Plus tard, la Sainte-Chapelle servit de magasin à farine. En 1802, elle fut affectée au dépôt des archives judiciaires, qui y sont restées jusqu'à l'époque où fut décidée la restauration de ce charmant édifice, confiée au talent de MM. Violet-le-Duc et Bœswil-valde.

CHAPELLE SAINT-MICHEL

Dans la rue de la Barillerie, entre la Sainte-Chapelle et la rue du même nom, il y avait sous la première race une petite place, sur laquelle fut bâtie la chapelle Saint-Michel. Il paraît qu'elle était d'une haute antiquité ; car, dès le xii₀e siècle, elle est appelée *Ecclesia Sancti-Michaelis de platea* (église de Saint-Michel de la place). Philippe-Auguste y fut baptisé, le 22 août 1165. Ce prince y fonda dans la suite une confrérie de pèlerins qui auraient fait un voyage au Mont-Saint-Michel. Cette chapelle exista jusqu'en 1782.

RUELLES

Il y avait encore autrefois, dans la rue de la Barillerie, trois ruelles qui sont désignées dans les anciens titres. Voici où elles étaient situées : à peu près où se trouve la rue de la Sainte-Chapelle était la *ruelle des Étuves Saint-Michel ;* elle longeait la chapelle de ce nom.—A gauche de la cour du Palais-de-Justice était la *ruelle de Saint-Éloi,* ainsi nommée parce qu'elle faisait face à cette église. — La troisième, nommée *ruelle de la Sirène*, était à gauche de la même cour du Palais, où est la petite entrée des galeries; elle faisait face à l'église Saint-Barthélemy, et devait son nom à l'enseigne de la maison voisine.

TOUR DE L'HORLOGE

La tour de l'Horloge du Palais, qui s'élève à l'angle du quai et de la rue de la Barillerie, doit son nom à la première grosse horloge établie sur les monuments publics de Paris; elle fut faite par Henri de Vic, que Charles V fit venir d'Allemagne en 1370, et que ce prince fit loger dans cette tour pour en avoir soin, en lui assignant une rente de six sols parisis par jour sur les revenus de la ville de Paris. Cette horloge fut par la suite ornée de figures en terre cuite de Germain Pilon, représentant les Lois, la Justice, avec les armes de Henri III. A force d'avoir été réparée, elle était devenue, au xviie siècle, une machine toute neuve : le cadran fut complétement restauré sous Henri II, Charles IX et Henri III. Voici la description que nous en donne l'historien Rabel :

« L'an 1585, sur la fin du mois de novembre, fut
« achevé l'ouvrage du quadran du Palais, lequel,
« avec la décoration, est estimé le plus haut de toute

15

« la France. Le conducteur d'icette ouvrage fut Ger-
« main Pilon, maître statuaire, et l'un des premiers
« en son art; lequel a rendu des ouvrages si parfaits
« en notre ville de Paris et autres lieux de France
« que la mémoire en sera perpétuelle. Du haut d'ice-
« lui quadran y a premièrement le pourtraict d'une
« colombe signifiant le Saint-Esprit, sous laquelle
« est une couronne de laurier qui est dessus, et deux
« autres couronnes qui sont sur les écus de France et
« de Pologne : le tout enclos d'un collier de l'ordre
« du Saint-Esprit.... et au-dessus cet écrit :

Qui dedit ante duas triplicem dabit ille coronam.

(Celui qui lui a déjà donné deux couronnes lui en donnera
une troisième.)

« En l'un des côtés du quadran est représentée la
« Piété, tenant un livre ouvert, auquel est écrit :

Sacra Dei celebrare pius, regale time jus.

(Observateur pieux de la loi de Dieu, respecte le droit royal.)

Machina quæ bis sex tam juste dividit horas,
Justitiam servare monet legesque tueri.

(La machine qui divise si exactement les douze heures du
jour nous avertit d'observer la justice et d'obéir aux lois.)

« Ces inscriptions sont de Jean Passerat, professeur
« en éloquence. »

Ce cadran avait été complétement détruit ; celui que l'on admire aujourd'hui est une reproduction qu'on s'est efforcé de rendre aussi exactement que possible. M. Toussaint a modelé les figures qui le décorent.

La lanterne de cette tour contenait une cloche appelée Tocsin ; elle jouissait de la prérogative de n'être mise en branle que dans les rares occasions, lors de la naissance ou de la mort des rois et de leurs fils aînés. Cependant elle enfreignit cette loi pour devenir l'instrument d'un des plus horribles attentats que la tyrannie et le fanatisme puissent commettre ; elle fut une des cloches de Paris qui, dans la nuit du 24 août 1572, donnèrent le signal des massacres de la Saint-Barthélemy : elle a été, dit-on, pour cette cause, détruite pendant la Révolution.

En 1843, on a repris en sous-œuvre la fondation de cette tour, dans l'intérieur de laquelle on a construit un corps de garde pour soixante-cinq hommes, qui se prolonge jusqu'à l'extrémité de l'ancien corps de garde, qui se trouve annexé au nouveau. La porte d'entrée est vitrée dans sa partie supérieure, comme pourrait l'être celle d'un vestibule ; mais, en cas d'attaque, il existe des volets fixés de chaque côté dans les parois du cintre : ces volets en chêne, de 5 centimètres d'épaisseur, sont revêtus dans toute leur étendue d'une forte plaque en fer, et de distance en distance percés de créneaux ; cet appareil est ensuite assujetti et maintenu par une barre de fer fixée aussi dans l'intérieur du mur et qui se place transversalement. Les fenêtres sont garnies également de volets semblables qui se ferment aussi au moyen d'une barre de fer d'environ 4 centimètres d'équarrissage tournant sur un axe. A droite en entrant est une porte qui conduit dans la chambre des officiers, établie dans le local précédemment occupé par la boutique de l'ingénieur Chevalier; elle est parquetée et boisée en chêne à la hauteur de 3 mètres. Elle est percée dans le bas de trois croisées, deux donnant sur le Pont-au-Change et l'autre sur le nouveau Tribunal de Commerce. A la hauteur de la boiserie, il existe dans le pourtour, sur les trois faces du bâtiment donnant à l'extérieur, une galerie à laquelle on arrive par deux échelles de meunier fixées contre la muraille et pouvant se relever ou s'abattre à volonté. Cette galerie correspond à de petites croisées évasées par le dehors et crénelées de la même manière que toutes les autres, au moyen de volets mobiles comme ceux que nous avons décrits plus haut. Dans la saillie du bâtiment donnant sur le quai de l'Horloge, on a pratiqué une meurtrière, défendue de même manière. A côté du poêle, situé en entrant à gauche, se trouve un tuyau acoustique, ou porte-voix, qui correspond de cet endroit au faîte de la tour, dans le campanile qui servait d'observatoire à l'ingénieur Chevalier. Là sera placée une sentinelle qui correspondra de cette manière avec le poste, et

pourra donner ou recevoir les avertissements nécessaires. Il existe ensuite des sonnettes, l'une dans le
haut, l'autre dans le bas, qui serviront à prévenir les
soldats du poste, ou la sentinelle, lorsqu'ils auront
un avertissement à transmettre ou à recevoir.

Le Palais-de-Justice étant devenu insuffisant pour
contenir tous les services judiciaires, on élève en ce
moment de nouveaux bâtiments. Lorsque les constructions seront achevées, le Palais-de-Justice ren-
fermera, au nord, sur le quai de l'Horloge, la Cour de
cassation ; au couchant, attenant et sur la nouvelle
place de Harlay, se trouveront les deux salles de la
Cour d'assises et de la Cour impériale ; au midi, sur
le quai des Orfévres, la préfecture de police ; à la
suite, sur la rue nouvelle, les chambres de police
correctionnelle ; au levant, rue de la Barillerie, le
parquet du procureur impérial et des juges d'instruction ; enfin, attenant à la tour de l'Horloge, les tribunaux de première instance.

Le Palais-de-Justice a été le théâtre d'événements
remarquables, dont je ne citerai que les principaux :

Le 6 octobre 1308, il se tint dans le jardin de ce
palais une assemblée nombreuse, devant laquelle
comparut l'évêque de Troyes, Guichard, accusé de
magie, d'impiété et de dépravation. Après une longue
discussion, l'évêque fut mis en prison au Louvre, où
il demeura jusqu'en 1313.

En 1357, Robert de Clermont, maréchal de France,

15.

et Jean de Challons, maréchal de Champagne, furent massacrés dans la cour du Palais, en présence de Charles, duc de Normandie, privés même des honneurs de la sépulture, pour avoir fait enlever de l'église Saint-Merry un garçon changeur, meurtrier de Jean Baillet, trésorier du prince, et l'avoir fait pendre à Montfaucon, d'où il fut détaché par ordre de l'évêque de Paris, et ensuite porté en grande cérémonie à Saint-Merry, où on lui fit de magnifiques funérailles.

Pendant les guerres civiles du règne de Charles VI, dans la nuit du 28 au 29 mai 1418, Perrinet le Clerc, fils d'un quartenier de la ville de Paris, prit sous le chevet du lit de son père les clefs de la porte de Bussy, et l'ouvrit aux troupes du duc de Bourgogne. Ces troupes, auxquelles se joignit la plus vile populace, tuèrent et emprisonnèrent tous ceux qui étaient opposés à la faction de ce prince, et qu'on appelait les Armagnacs. Le 12 juin, le carnage recommença avec une plus grande fureur ; la populace se fit ouvrir les prisons, et mit le feu à celles dont elle ne put s'emparer. Les plus notables bourgeois, deux archevêques, six évêques, deux présidents et plusieurs membres du Parlement furent assommés, ou précipités des tours de la Conciergerie et du Grand-Châtelet, au bas desquelles on les recevait sur la pointe des piques ou des épées. « Quant ils trouvoient trop fortes prinsons, « où ils ne povoient entrer, si boutoient dedans « force de feu, et ceux que dedans étoient n'avoient

« rien de quoi leur aider, si estaingnoient et ar-
« doient là dedans à grant martyre, et ne laissèrent
« en prinson de Paris, sinon au Louvre, pour ce que
« le roy y estoit, quelque prinsonnier qu'ils ne tuas-
« sent par feu et par glayve, et tant tuèrent de gens à
« Paris, que hommes que femmes, depuis celle heure
« de mynuit jusqu'au lendemain douze heures, qui
« furent nombrez mille cinq cent dix-huit. Les corps
« du connétable Bernard d'Armagnac, du chancelier
« Henri de Marle, du capitaine Remonet de la Guerre,
« Paris, l'évesque de Coustances, filx de chancelier
« de France, en la cour de darrière devers la cous-
« ture, et furent deux jours entiers au pié du degré
« du pallays sur la pierre de marbre, et puis furent
« enterrez à sept, à Saint-Martin en ladite cour de
« darrière la cousture, et tous les autres à la Tri-
« nité. » (*Journal de Paris*, sous Charles VI et
Charles VII.)

C'est au Palais-de-Justice que fut jugé le maréchal
de Biron, accusé de haute trahison. Le 27 juillet 1602,
entre cinq et six heures du matin, on le fit sortir de
la Bastille et on le conduisit dans un bateau couvert
de tapisseries, escorté d'un autre bateau renfermant
quinze ou seize soldats commandés par le chevalier
du guet. On fit descendre le maréchal dans l'île du
Palais, et on le conduisit par le jardin du président
dans la chambre des enquêtes, dans la grand'chambre, où il fut placé sur la sellette et interrogé pendant

deux heures: Sur les neuf heures, on le fit reconduire à la Bastille.—Le lendemain, toutes les chambres du Parlement assemblées allèrent aux opinions; par arrêt solennel, le maréchal fut condamné par cent vingt-sept juges à être décapité en Grève. Toutefois, sur les instances des parents de Biron, le roi permit que l'exécution eût lieu dans l'intérieur de la Bastille, où Biron fut décapité le 31 juillet, à onze heures du matin.

Le 8 juillet 1617, l'arrêt du Parlement qui condamnait la *maréchale* d'Ancre à avoir la tête tranchée en place de Grève lui fut lu à midi dans la cour du Palais, devant une foule immense accourue pour examiner la contenance de cette favorite naguère si puissante. A genoux, la tête baissée, elle chercha à se cacher le visage dans ses coiffes pour soustraire son humiliation à cette multitude qu'elle avait si longtemps vue à ses pieds; mais on la contraignit d'entendre son arrêt à visage découvert.

LE PRÉSIDENT DE HARLAY

CHAPITRE XI

CONCIERGERIE

La Conciergerie était la prison du Parlement. Les
bâtiments actuellement affectés à cette prison sont
formés de l'ancien grand préau, autrefois le jardin
du Palais, de la salle des gardes de saint Louis, des
tours de Montgomery et du Grand César, de quelques
additions modernes et de dispositions intérieures

que les anciens bâtiments ont subies postérieure-
ment à l'incendie de 1776. La Conciergerie est une
des prisons où furent renfermés les partisans des
Armagnacs après la trahison qui livra Paris aux
sicaires du duc de Bourgogne.

Le 12 juin 1418, tous les prisonniers, parmi lesquels se trouvait le comte d'Armagnac, connétable
de France, y furent massacrés, et leur corps exposé
aux outrages d'une troupe furieuse, qui massacra
également les détenus dans les prisons de Saint-Éloi,
du grand et du petit Châtelet, du For-l'Évêque, de
Saint-Magloire, de Saint-Martin des Champs, du
Temple, de Tyron, etc.....

En face de la porte de la Conciergerie est la porte
du dépôt, qui ressemble assez à l'entrée d'un caveau
de famille du Père-Lachaise ; elle est surbaissée de
même et porte un fronton d'architecture païenne.
Cette porte, fermée par une grille en fer, donne sur
un escalier de cave qui débouche sur un palier
ténébreux, éclairé à toute heure du jour et de la
nuit par la lueur rougeâtre d'un réverbère. A droite
il y a des murs massifs, à gauche les salles du dépôt : ici la salle des femmes, là la salle des enfants,
plus loin celle des hommes, et enfin la salle du secret. Tous ces dépôts occupent ce qu'on appelait autrefois les cuisines de saint Louis, et portent le nom
de *Souricière*. On pénètre dans chacune des souri-
cières par une porte en bois et une grille en fer,

séparées l'une de l'autre par un espace quadrangulaire en forme d'antichambre. La souricière du secret, qui peut donner une idée de toutes les autres, tient à la fois de la cave et des cryptes du moyen âge. Elle est longue de 15 mètres et large de 4 environ; sa voûte, en arêtes ogivales, s'appuie sur quatre colonnes massives, coupées, à leur milieu, par des cloisons de brique et de pierre de taille qui limitent la salle des deux côtés. Cette souricière est enfoncée à 5 mètres au-dessous du sol, à peu près au niveau de la Seine à l'époque des grandes crues. Elle est éclairée par une fenêtre semi-circulaire qui rase le trottoir du quai de l'Horloge, et dont les carreaux dépolis ne laissent passer qu'une faible clarté. — C'est là où l'on dépose le prévenu, qui attend depuis neuf heures du matin jusqu'à dix heures du soir qu'il plaise au juge d'instruction de l'envoyer chercher par un gendarme. Pour peindre fidèlement la souricière, il faudrait la plume de Lesage ou le pinceau de Callot. Ce n'est pas un cachot, c'est plus horrible. Un cachot a pour lui sa paille et son silence; mais à la souricière, point de banc pour reposer le corps placé sur lui-même pendant douze heures, point de silence pour réfléchir, point d'air pour rafraîchir les poumons infectés de soixante individus qui se remuent à grand'peine dans un espace large de quelques pieds. Ce lieu est pis encore, dans ses proportions, que l'instrument dont il a emprunté le nom : l'animal que sa gourmandise attire dans le piége que la ruse lui a tendu peut au moins respirer, grâce à l'ouverture grillée qui le retient. Mais la souricière de la prévention n'offre pas même aux prévenus ce triste avantage; une étroite lucarne, obstruée par un châssis et des barreaux serrés donnant sur une cour large comme une cheminée, est le seul accès que puissent trouver les rayons d'un faux jour et le seul passage laissé à l'évaporation des gaz méphitiques qui se forment dans cette sentine. — Voilà le lieu où les prévenus de tous les genres sont entassés, où l'innocent est heurté, froissé par le coupable, s'il n'est corrompu par lui ; où la vieillesse est en butte aux risées et aux outrages d'une jeunesse dégradée, où l'enfance joue un rôle encore plus dégoûtant. Ce lieu, que renieraient des siècles de barbarie et d'ignorance, est placé immédiatement au-dessous des siéges qu'occupent des magistrats éclairés par de profondes études.

Espérons que le magicien dont la baguette enchantée fait tant de métamorphoses depuis quelques années dans Paris, daignera faire disparaître une pareille horreur!

En septembre 1792, cette prison renfermait 395 individus, dont 76 femmes. Une seule femme, la fameuse bouquetière du Palais-Royal, qui, par jalousie, avait fait de son amant un Abélard, fut mise à mort; les autres furent rendues à la liberté. Des hommes, 5 se suicidèrent, 278 furent massacrés, 36 furent mis en liberté.

La reine Marie-Antoinette fut enfermée quelques moments à la Conciergerie avant son exécution; un monument expiatoire a été inauguré, le 16 octobre 1816, dans le cachot qu'elle avait occupé. — Une singularité frappante, c'est que Danton, Hébert, Chaumette et Robespierre, ont successivement habité le même cachot. Sous le régime de la Terreur, cette prison se remplissait sans cesse par les envois des départements, et se vidait sans cesse par le massacre et par le transfèrement dans d'autres maisons. Vers les derniers mois surtout, c'était l'activité des enfers : soixante personnes arrivaient le soir pour aller à l'échafaud ; le lendemain, elles étaient remplacées par cent autres, que le même sort attendait le jour suivant.

LE PARLEMENT

Dès les premiers règnes des rois de la troisième race, les princes avaient des conseils composés des barons et des évêques, où se traitaient les grands intérêts de l'État. On commença, à la fin du XII⁢ᵉ siècle, à donner à ces assemblées extraordinaires le nom de *parlement*. Au commencement du XIII⁢ᵉ siècle, les officiers du conseil du roi ne pouvant suffire à juger toutes les causes, on en augmenta le nombre. Alors ce conseil suprême, tout à la fois politique, administratif et judiciaire, continua à porter le nom de Parlement. Avant la Révolution, la cour du Parlement de Paris était composée de la grand'chambre, des trois chambres des enquêtes, d'une chambre des requêtes et d'une chambre de la marée, qui avait la police générale sur la vente du poisson.

François Ier établit dans le Parlement une chambre ardente, c'est-à-dire une chambre qui condamnait au feu ; elle était spécialement chargée de la recherche et de la punition des hérétiques, et se composait de juges délégués par le Pape. Antoine Mouchi, dont le nom est regardé comme l'étymologie de *mouchard,* était le chef de ce terrible tribunal. « Dans son zèle furibond, il recommandait au frère d'accuser le frère, à la femme d'accuser son mari, au mari d'accuser sa femme. Les pères et les mères étaient induits à déférer leurs propres enfants, voire même à leur servir de bourreaux, à faute d'autres. » (*Registres criminels du parlement, arrêts concernant les luthériens.*)

Le 3 mai 1788, le Parlement ayant rendu un arrêt par lequel il déclara que la nation seule a le droit d'accorder des impôts par l'organe des États-Généraux, les ministres cassèrent par un arrêt du conseil celui du Parlement, et donnèrent l'ordre d'arrêter les conseillers d'Esprémesnil et Goislard. A minuit, trois détachements de gardes françaises, de gardes suisses et de cavalerie, avec leurs sapeurs, marchèrent vers le Palais, l'investirent et en occupèrent les avenues, les corridors et les salles. Le marquis d'Agoult, chef de cette expédition nocturne, pénétra dans la grand'-chambre, où il ne put se défendre d'un sentiment de respect à la vue de cent cinquante magistrats et de dix-sept pairs de France, tous revêtus des insignes de leurs dignités. Il lut d'une voix altérée l'ordre du roi de s'emparer sans délai et d'arrêter les conseillers Duval d'Esprémesnil et Goislard de Montsabert, et somma le président de lui désigner ces deux conseillers. Les magistrats répondirent d'une voix unanime : « Nous sommes tous d'Esprémesnil et Goislard; puisque vous ne les connaissez pas, emmenez-nous tous ou choisissez. » Pour éviter l'emploi de la force, d'Esprémesnil se nomma, se livra lui-même, et Goislard l'imita. Après avoir protesté contre la violation du sanctuaire des lois et s'être arrachés des bras de leurs collègues éplorés, ils furent faits prisonniers, transférés, l'un aux îles Sainte-Marguerite et l'autre à Pierre-Encise. Le peuple accompagna ces magistrats en les couvrant d'applaudissements. — C'est au Palais-de-Justice que siégeait à cette époque la Cour des aides. Le 18 août, le comte d'Artois, chargé par le roi d'aller faire enregistrer à cette cour l'impôt territorial et l'impôt du timbre, dont le Parlement avait refusé l'enregistrement, fut assez mal reçu par le peuple,

qui savait que ce prince avait vivement appuyé l'établissement des impôts, et que même, en parlant de
l'embarras où la résistance des cours souveraines
mettait le roi, il s'était écrié : « A sa place, avec
« six francs de corde, je saurais bien m'en tirer. » Il
fut hué et sifflé d'une manière si alarmante, que le
comte d'Agoult, son capitaine des gardes, crut devoir
crier : *aux armes!* Les soldats font volte-face, mais
aussitôt la multitude se précipite du haut du grand
escalier et contraint la force armée à la retraite. Le
lendemain, la Cour des comptes et la Cour des aides
protestèrent contre l'enregistrement qui leur avait
été imposé.

Le tribunal révolutionnaire fut installé au Palais-
de-Justice, le 17 août 1792. Avant d'entrer en fonctions,
les membres du jury se présentèrent un à un sur une
estrade, et, s'adressant au public, proférèrent successivement ces mots : « Peuple, je suis un tel, de telle
« section, demeurant dans tel endroit, exerçant telle
« profession : avez-vous quelques reproches à me
« faire? Jugez-moi avant que j'aie le droit de juger
« les autres. » Après une minute d'attente, si personne n'élevait la voix, il descendait de l'estrade et faisait place à un autre. — Le tribunal du 17 août fut
remplacé, le 10 mars 1793, par le *tribunal criminel
extraordinaire*. Pendant son peu de durée, il prononça
sur le sort de soixante-deux individus, dont vingt-
cinq furent condamnés à mort.

Le 26 septembre 1793, Merlin de Douai présenta, au nom des comités de salut public, de sûreté générale et de législation, un projet de décret en soixantequatorze articles sur l'organisation du tribunal révolutionnaire, qui fut adopté par la Convention nationale. Ce tribunal était composé de seize juges, d'un accusateur public, de cinq substituts et de soixante jurés. Il était divisé en quatre sections qui se tiraient au sort tous les trois mois, tant parmi les juges que parmi les jurés. Ce tribunal tenait ses séances au Palais-de-Justice, dans deux salles où deux sections tenaient audience, tandis que les deux autres étaient occupées à l'instruction des procès. Les audiences avaient lieu, l'une dans la salle dite de la Liberté, jadis grand'chambre du Parlement, l'autre dans la salle dite de l'Égalité, jadis salle Saint-Louis ou tournelle criminelle du Parlement, où siége aujourd'hui la Cour de cassation.

L'imprimerie du tribunal révolutionnaire n'était séparée de la salle des séances de ce tribunal que par un mur où l'on avait pratiqué une fenêtre par laquelle on passait les pièces, les notes relatives à l'affaire que l'on jugeait. Souvent le jugement était composé et imprimé dix minutes après qu'il avait été rendu. Dans le procès des Dantonistes, les colporteurs vendaient dans les rues leur jugement avant qu'on le leur eût prononcé. Après le 9 thermidor, on trouva dans l'imprimerie du tribunal révolutionnaire

16.

des formes de jugements toutes composées et auxquelles ne manquait que le nom des condamnés. C'est
au Palais-de-Justice, près de la Conciergerie, que
logeait l'accusateur public Fouquier-Tinville; il oc-
cupa ce logement depuis le 10 mars 1793 jusqu'au
21 thermidor (1795), époque où il fut décrété d'accu-
sation; il ne sortait guère de chez lui que vers dix
heures du soir pour aller au comité de salut public
rendre compte à Robespierre, à Billaut-Varennes ou
à Collot-d'Herbois, de l'audience du même jour,
et prendre leurs ordres définitifs qu'il faisait exécuter
le lendemain.

PRÉFECTURE DE POLICE

La préfecture de police, transférée dans l'hôtel de
la Cour des comptes, construit par ordre de Louis XII,
a occupé longtemps l'hôtel des premiers présidents
du Parlement. Construit sur l'emplacement de l'hôtel
du bailliage du Palais, dont parle Corrozet dans ses
Recherches, l'hôtel des premiers présidents devint tour
à tour la demeure d'Achille de Harlay, qui le fit
commencer, de M. de Verdun qui l'acheva, de Guillaume de Lamoignon et de ses successeurs dans cette
charge, jusqu'en 1789, parmi lesquels on distingue :
de Mesmes, Maupeou, Matthieu-François Molé, Fran-

çois d'Aligre, Lefèvre d'Ormesson. De 1792 à 1794, les quatre maires de Paris : Pétion, Chambon, Pache et Fleuriot, y demeurèrent ; et depuis l'année 1800 jusqu'à ce jour, cet hôtel fut habité par plus de vingt préfets de police.

QUAI DE L'HORLOGE

Ce quai commence au Pont-au-Change et finit à la place du Pont-Neuf.

Il fut commencé en 1580. Les travaux, souvent interrompus, furent achevés en 1611. Les boutiques qui sont sur ce quai étaient autrefois occupées par des fabricants de chevelures postiches, appelées perruques. Aujourd'hui, cet art est porté fort loin ; le plus habile artiste en ce genre est Martin, rue des Fossés-Montmartre, n° 8.

En 1738, Turgot, alors prévôt des marchands, en fit élargir les deux extrémités. En 1816, on augmenta encore sa largeur, près du Pont-au-Change, par suite de la démolition des échoppes adossées au Palais-de-Justice.

Son nom lui vient de l'horloge de la tour bâtie sous Philippe le Bel, au xive siècle.

Ce quai a porté encore le nom *des Morfondus,* en raison de sa situation exposée au vent du nord qui glace, qui *morfond* les pauvres piétons qui le traversent pendant l'hiver.

On le nomme aussi vulgairement *quai des Lunettes*, en raison du grand nombre d'opticiens, de lunetiers, qui l'habitent. Entre la tour de l'*Horloge* et la tour de *Montgomery* est une nouvelle porte cintrée qui donne entrée à la Conciergerie. Cette porte était autrefois entre la tour de *Montgomery* et la tour du *Grand César*. Il existe, plus loin, une autre tour crénelée, plus grosse et moins élevée que les autres, elle fut nommée la *tour d'Argent,* parce que le roi saint Louis y renfermait son trésor.

PONT DE CHARLES LE CHAUVE

Les uns disent qu'il traversait les deux bras de la Seine, vers l'endroit où est la tour d'Argent.

Quoi qu'il en soit, ceux des historiens de Paris qui ont soutenu que ce pont était le même que le Pont-au-Change, ont commis une erreur.—Dès l'an 845, les Normands, attirés par l'espoir d'un riche butin, s'étaient portés sur Paris ; ils s'en seraient rendus maîtres, si l'on n'avait pas prodigué l'or pour les engager à s'éloigner. Mais, comme on devait le craindre, cette paix, achetée au prix de 7,000 livres d'argent, ne fut que momentanée. Les barbares reparurent bientôt devant Paris, et de 851 à 861, portèrent le ravage dans tous ses environs. Le faible Charles qui, au lieu de se défendre les armes à la main, s'était soumis d'abord au plus honteux des tributs, voulut enfin s'opposer aux incursions de Sigefroy, aussi avide que redoutable : il se détermina à faire construire à l'extrémité de la ville un pont qui porta son nom.

Ce pont était en bois et assis sur des piles de maçonnerie, il était défendu à ses deux extrémités par deux grosses tours ou châteaux de bois. Il paraît que ce fut une faible défense contre les Normands ; car, en 886, on fut encore obligé de les éloigner en leur promettant 7,000 livres d'argent.

On ignore l'époque où ce pont fut détruit. On en voyait encore des restes, du côté du midi, au xiiie siècle. Quant à sa partie septentrionale, elle a existé jusqu'au commencement du xviie siècle. Quelques historiens pensent que cette partie est celle qui, en 1296, est désignée sous le nom de *Vieux grand Pont de pierre,* ensuite *pont aux Colombes,* ou *aux Coulons,* parce qu'on y vendait des pigeons ; et *pont aux Meuniers,* à cause des moulins qu'on avait construits entre ses arches. D'autres disent qu'il ne doit pas être confondu avec la portion septentrionale du *pont de Charles le Chauve.* Ce pont aux Meuniers fut emporté par les glaces en 1196, 1280, 1325 et 1407. Fortement ébranlé en 1416, il fut tout à fait emporté par les eaux, le 22 décembre 1596.

Charles Marchand, colonel des 300 arquebusiers et archers de la ville, le fit reconstruire à ses dépens en 1608, à condition qu'il serait appelé le *pont Marchand*.

Ce pont fut reconstruit en face de la tour de l'Horloge (le Pont-au-Change était alors un peu plus haut, à cinq toises de là). On ménagea au milieu une rue de trois toises, et on éleva des deux côtés des maisons à deux étages, peintes à l'huile et ornées d'un cartouche servant d'enseigne, où l'on avait peint un oiseau, ce qui lui fit donner par le peuple le nom de *pont aux Oiseaux*. Il fut achevé en 1609 et procura au public un utile passage dont il ne jouissait pas sur le pont aux Meuniers qui était fermé à ses deux extrémités et ne s'ouvrait que pour l'usage de ceux qui l'habitaient.

Le feu ayant consumé ce pont et celui des Changeurs, en 1621, on fit pour le passage du public un pont de bois, qui subsista jusqu'à ce que le Pont-au-Change fût fini.

QUAI DES ORFÉVRES

Il commence à la place du Pont-Neuf et finit au pont Saint-Michel.

C'était encore, au milieu du XVIᵉ siècle, un terrain en pente qui régnait le long de la rivière. Il aboutissait aux murs qui entouraient le Palais-de-Justice et son jardin.

Le quai ne fut commencé qu'en 1580, et terminé en 1643. Son nom lui vient de la grande quantité d'orfévres qui y construisirent des boutiques.

De la rue de la Barillerie à celle de Jérusalem, on voyait encore, à la fin du xviiie siècle, une rue qui, construite en 1623, prit d'abord le nom de *rue Neuve*, puis celui de *Saint-Louis*; enfin, en 1793, le nom de *rue Révolutionnaire*. En 1808, elle fut démolie, et le quai des Orfévres fut prolongé jusqu'au pont Saint-Michel.

RUE BOILEAU

Commence à la rue de la Sainte-Chapelle, finit au quai des Orfévres. Elle fut d'abord nommée *rue Saint-Anne*. Cette voie, ouverte en 1631, prit son nom d'Anne d'Autriche, mère de Louis XIV. Depuis quelque temps, elle est appelée *rue Boileau*.

RUE DE LA SAINTE-CHAPELLE

Commence rue de la Barillerie, finit au quai des Orfévres.

Cette rue, nouvellement formée, n'avait autrefois

de maisons que du côté méridional, lesquelles avaient
la vue sur la *Cour des comptes* et sur la Sainte-Chapelle.

RUE DE JÉRUSALEM

Commence au quai des Orfévres, finit à l'impasse
de Nazareth.

Elle tire sa dénomination des pèlerins qui, à leur
retour de Jérusalem, étaient logés dans cette rue,
qu'on doit considérer plutôt comme un passage public que comme une rue. Elle conduit à la porte toujours ouverte de la Préfecture.

Cette rue porta encore le nom de *l'Arcade,* à cause
d'une arcade qui la traversait. Elle a repris son premier nom depuis la Révolution.

IMPASSE DE NAZARETH

D'abord rue, puis impasse, elle commence cour de
de la Sainte-Chapelle, et finit rue de Jérusalem.

L'étymologie de cette petite rue est la même que
celle de la rue de Jérusalem. Jusqu'au commencement du xvie siècle, on l'appela *rue de Galilée.* En
1843, cette voie publique fut réduite à l'état d'impasse.

RUE DE HARLAY

(EN LA CITÉ)

Elle commence au quai de l'Horloge, finit au quai des Orfévres. Elle a été formée, vers 1607, sur les terrains concédés à messire Achille de Harlay, en vertu des lettres patentes du 28 mai de la même année.

Harlay naquit à Paris en 1536, fut conseiller au Parlement à vingt-deux ans, président à trente-six ans, et premier président après la mort de Christophe de Thou, son beau-père.

Pendant les troubles de la Ligue, Achille de Harlay montra une fermeté, une grandeur d'âme qu'on ne saurait trop exalter. L'ambitieux duc de Guise avait ameuté les Parisiens contre Henri III. Pour se soustraire à la fureur de ses ennemis, le roi fut contraint de quitter sa capitale. Henri de Valois et le duc de Guise avaient été au-dessous de leur position, « l'un avait failli de cœur, l'autre de crime. » Après le départ du roi, le Balafré assembla le peuple, fit nommer de nouveaux officiers de ville et confia à ses affidés les postes les plus importants. Mais, pour affermir sa puissance, le duc avait besoin d'un arrêt du Parlement. Guise se rendit à l'hôtel du premier président. Achille de Harlay se promenait dans son jardin ; le duc va l'y chercher : au détour d'une allée, le magistrat et l'ambitieux se rencontrent :

« Monsieur le premier président, dit le duc de
« Guise, nous vous prions d'assembler le Parlement
« à l'effet de prendre des mesures convenables aux
« circonstances.—Je ne puis le faire, monseigneur,
« répond de Harlay, en regardant le duc d'un air
« sévère ; quand la majesté du prince est violée, le
« magistrat n'a plus d'autorité. » Le duc irrité fait
un pas vers Achille de Harlay : « Vous avez jusqu'à
« demain, mais songez-y bien, monsieur le prési-
« dent, il y va de votre existence.—C'est une honte,
« monsieur, répliqua de Harlay, c'est une honte
« que le valet mette le maître hors de la maison.
« D'ailleurs, mon âme est à Dieu, mon cœur est au
« roi, et à l'égard de mon corps, je l'abandonne aux
« méchants qui désolent ce royaume. » Le duc de
Guise se retira. Le lendemain, il s'adressa au président Brisson, qu'il trouva plus complaisant.

Henri IV récompensa la noble fermeté du premier président Achille de Harlay, et le vertueux magistrat profita de la paix pour rétablir la justice et faire respecter les lois. La mort vint le surprendre ; il avait quatre-vingts ans, et travaillait encore. En lui donnant, en 1607, les deux petites îles qui étaient au bout du jardin du bailliage et à la pointe occidentale du Palais, on avait comblé le petit bras de rivière qui les séparait, et on y éleva des maisons qui ont formé cette rue.

En 1672, on abattit une maison au milieu de cette voie, afin d'y pratiquer une porte et un passage pour aller au Palais. Cette large arcade, dans l'axe de la place Dauphine, donne entrée dans la cour de Harlay. A gauche est la *Cour Lamoignon,* construite par les ordres de M. Guillaume de Lamoignon, seigneur de Basville, premier président du Parlement de Paris, mort en 1677. On allait autrefois de cette cour à la cour Neuve, par une communication nommée *rue Basville,* et par une autre issue donnant sur le quai de l'Horloge, nommée *passage Lamoignon.*

PLACE DAUPHINE

Elle commence à la rue de Harlay, et finit à la place du Pont-Neuf. Sur le terrain occupé par cette place, on voyait autrefois deux îles; la plus grande, qui était du côté du midi, s'appelait l'*île au Bureau.* Elle tirait sa dénomination de Hugues Bureau qui, le 6 février 1462, acheta cet emplacement moyennant 12 deniers de cens et 10 sols de rente annuelle. L'île voisine était moins large, mais plus longue; son nom d'*île à la Gourdaine* lui venait du moulin dit de la Gourdaine ou de la Gourdine, qui en était tout près.

Cette dernière a porté aussi le nom d'*île du Patriarche*. C'est dans l'île au Bureau que Jacques Molay, grand-maître des templiers, et Guy, dauphin d'Auvergne, prieur de Normandie, furent brûlés le 18 mars 1314. (De grandes et longues discussions historiques eurent souvent lieu au sujet du nom de ces deux îles; on leur a souvent donné des noms et des positions qu'elles n'ont jamais eus. Je fais connaître ces erreurs au lecteur, en l'assurant de l'exactitude de cette note qui est tirée des archives de l'abbaye Saint-Germain des Prés, relativement à un bail de ces îles, en date du 29 novembre 1511, *qui prouve l'authenticité de ce que je viens d'annoncer ci-dessus.*)

Henri IV fit donation de ces terrains au président de Harlay qui fit faire les maisons de la place Dauphine en pierre et brique, de même symétrie.

Cette voie publique fut appelée *Place Dauphine,* en l'honneur du Dauphin, depuis Louis XIII. En 1792, c'était la *Place de Thionville,* en l'honneur de l'intrépide défense que cette ville venait d'opposer aux armes de Cobourg.

De 1801 à 1803, on éleva sur cette petite place une fontaine, ouvrage de MM. Percier et Fontaine, décorée d'un buste du sage et brave Desaix, mort au champ de bataille de Marengo. Cette place, depuis l'érection de ce monument, avait pris le nom de *Place Desaix.* Elle a repris sa première dénomination depuis 1814.

PLACE DU PONT-NEUF

La place du Pont-Neuf ne mérite que je parle d'elle, que pour dire qu'elle existe.

A cet emplacement, il y avait une maison ou *Hôtel des Étuves*.

LA SAMARITAINE

CHAPITRE XII

PONT-NEUF

Ce pont traverse les deux bras de la Seine, et joint, en s'appuyant sur la pointe de la Cité, les quais de la Mégisserie et de l'École, aux quais Conti et des Grands-Augustins ; sa longueur totale est de 229 mètres 41 centimètres.

Le samedi 31 mai 1578, après avoir vu passer le superbe convoi de ses deux mignons, Quélus et Maugiron, tués en duel, le roi Henri III, accompagné de sa mère Catherine de Médicis, de Louise de Lorraine Vaudemont, son épouse, et des principaux magistrats de la ville, vint solennellement poser la première pierre du Pont-Neuf. La physionomie du monarque, empreinte d'un profond chagrin, fit dire à des rieurs qui l'observaient que le nouvel édifice serait nommé *Pont des pleurs*.

Jacques Androuet du Cerceau, qui en fut le premier architecte, reçut 50 écus pour ses honoraires.

Les troubles de la Ligue arrêtèrent les travaux, qui ne furent repris par Charles Marchand qu'en 1602, sous Henri IV.

Le 20 juin 1603, le roi voulut passer sur ce pont malgré les pressantes objections de ses courtisans. « Mais, Sire, lui disait-on, des imprudents qui ont « voulu tenter ce que veut tenter Votre Majesté se « sont rompu le cou.—Ils n'étaient pas rois, » reprit Henri IV.

Ce pont fut achevé en 1604 et prit le nom de *Pont-Neuf, à cause de sa nouveauté*. Quelques faiseurs d'étymologies ont voulu lui en donner une de leur façon, en faisant remarquer que le Pont-Neuf a neuf issues, et que de là lui vient le nom qu'il porte.

Les personnes qui ont fait cette remarque ignoraient sans doute que le Pont-Neuf portait déjà ce nom en 1604, et que la rue Dauphine, formant la neuvième issue, ne fut percée qu'en 1607, sur le jardin des Augustins et sur les bâtiments du collége de Saint-Denis. La supposition devient donc nulle et invraisemblable.

LA SAMARITAINE

A la seconde arche de ce pont, du côté du quai de l'École, était *la Samaritaine*, bâtiment hydraulique à trois étages, construit sur pilotis vers 1607 par Jean Lintlaer, Flamand. Reconstruite en 1712 et abattue en 1813, cette pompe alimentait les bassins et fontaines du palais des Tuileries : elle était ainsi appelée parce qu'on y voyait un groupe de figures de bronze doré représentant le Christ assis près du bassin d'une fontaine, demandant à boire à la Samaritaine.

Ce groupe donna lieu à des couplets parmi lesquels je choisis le suivant :

> Arrêtez-vous ici, passants,
> Regardez attentivement.
> Vous verrez la Samaritaine,
> Assise au bord d'une fontaine :
> Vous n'en savez pas la raison ?
> C'est pour laver son cotillon.

Le comble de l'édifice était surmonté par un cam-

panile renfermant un carillon qui exécutait différents airs au moment où chaque heure était prête
à sonner.

Avant la Révolution, Rulhières était gouverneur
de la Samaritaine. Le peintre de marine Crépin y a
demeuré jusqu'à l'époque de sa destruction, et y a
composé ses meilleurs tableaux.

LA STATUE DE HENRI IV

En 1614, on plaça sur ce pont, à la pointe de l'île,
la statue équestre de Henri IV.

Le roi de bronze dont parle Saint-Amand n'est
pas celui que nous voyons maintenant sur le Pont-
Neuf.

C'est un grand exemple de la fatalité des desti-
nées que celle du premier cheval sur lequel on fit
monter Henri IV.

D'abord il n'avait point été fait pour son cavalier.
Ferdinand, duc de Toscane, l'avait fait faire pour lui
ou du moins pour sa statue, par Jean de Boulogne,
élève de Michel-Ange. Mais Ferdinand étant mort,
Côme II fit cadeau du palefroi de son prédécesseur à
Marie de Médicis, régente de France. C'était s'épar-
gner adroitement les frais d'une statue. On l'embarqua ; il fit naufrage, et voilà le cheval marin pendant

un an sur les côtes de la Normandie. Il fut retiré à grands frais du fond de la mer, et il parut à Paris le 23 août 1614 : debout sur le piédestal qu'on lui donna, il attendit bien des années, le pied en l'air, la venue d'un complaisant cavalier !

Dupré acheva enfin la statue de Henri IV, et voilà le Béarnais à califourchon sur un cheval toscan !..... Il était représenté la tête nue, couvert d'une armure, tenant d'une main la bride de son cheval et de l'autre son bâton de commandement.

En 1792, toutes les statues des rois qui étaient à Paris furent renversées pour faire des canons. Celle-ci n'en fut pas exemptée.

En 1814, elle fut rétablie provisoirement en plâtre. Celle que nous voyons aujourd'hui a été fondue le 3 octobre 1817, dans les ateliers de Lemot, au faubourg du Roule.

Louis XVIII posa, le 23 octobre suivant, la première pierre du piédestal, dans l'intérieur duquel on plaça un magnifique exemplaire de *la Henriade*. Cette statue fut érigée le 25 août 1818, et a coûté 534,860 francs.

En 1617, l'évêque de Luçon, qui fut depuis cardinal de Richelieu, passait sur le Pont-Neuf précisément au moment où la populace effrénée y exerçait mille cruautés sur le cadavre du maréchal d'Ancre. Son carrosse ayant malheureusement pressé un de ces furieux, le prélat craignit que pendant la querelle qui s'éleva entre son cocher et cet homme, on ne le reconnût, et que la haine qu'on avait pour Concini, auquel on savait qu'il devait toute sa fortune, ne s'étendît jusque sur lui. Son péril lui fit naître l'idée de demander ce qu'on faisait. On lui répondit qu'on brûlait le cadavre du maréchal. Aussitôt il loua le zèle des Parisiens, les appela bons serviteurs de Sa Majesté, et se mit à crier : *Vive le roi!* On lui donna sur-le-champ passage, et sa présence d'esprit le sauva du plus grand danger.

Vers 1619, on voyait sur la place du Pont-Neuf le théâtre de Tabarin, bouffon gagé d'un célèbre vendeur de baume et d'onguent, nommé Mondor; on y représentait des petites pièces à intrigues et des farces dites tabariniques.

Le Pont-Neuf était déjà à cette époque le rendez-vous commun des étrangers, le lieu le plus passant de la ville ; on le trouvait constamment couvert d'une foule de curieux, de charlatans, de banquistes qui faisaient des tours de gobelets, de marchands de chansons, qui les chantaient sur des airs connus, que nous nommons *ponts-neufs*. Maître Gonin y avait ses tréteaux, et Brioché ses marionnettes.

Le Pont-Neuf, si peuplé de marchands et de charlatans, l'était aussi par de nombreux filous, par de hardis voleurs qui n'appartenaient pas toujours aux dernières classes de la société. C'est là que les *tire-laines* enlevaient violemment les manteaux des bourgeois, et que les coupeurs de bourses tranchaient avec adresse les cordons de celles que les hommes et les femmes portaient alors pendues à leur ceinture. On y voyait pêle-mêle des vagabonds de toutes les classes, de jeunes débauchés appartenant à d'honnêtes familles , des gentilshommes sans argent et des princes échappés aux entraves de l'étiquette, cherchant dans cette bagarre des distractions aux ennuis de la grandeur.

Le comte de Rochefort dit dans ses Mémoires que Gaston, duc d'Orléans, frère de Louis XIII, après avoir fait la débauche, prit plaisir à s'embusquer au soir sur le Pont-Neuf, à la tête d'une escouade de détrousseurs, tous bons gentilshommes, où il enleva cinq à six manteaux aux passants : le comte de Rochefort, le comte d'Harcourt et le chevalier de Rieux étaient de la compagnie de Monseigneur pour cette noble expédition.

Le poëte Berthaud, qui a fait un ouvrage en vers burlesques sur la ville de Paris, s'exprime ainsi en parlant du Pont-Neuf :

> Rendez-vous des charlatans,
> Des filous, des passe-volans ;
> Pont-Neuf, ordinaire théâtre
> Des vendeurs d'onguent et d'emplâtre,
> Séjour des arracheurs de dents,
> Des fripiers, libraires, pédans ;
> Des chanteurs de chansons nouvelles,

> D'entremetteurs de demoiselles,
> De coupe-bourses, d'argotiers,
> De maîtres de sales métiers,
> D'opérateurs et de chimiques,
> Et de médecins purgitiques,
> De fins joueurs de gobelets,
> De ceux qui rendent des poulets.

Avant la Révolution, des petits marchands dressaient chaque jour sur les trottoirs du Pont-Neuf de petites boutiques qu'ils enlevaient tous les soirs, et qui étaient louées au profit des grands valets de pied du roi.

En 1775, on fit de grandes réparations au Pont-Neuf, pour abaisser et rétrécir les demi-lunes qui, s'élevant à l'aplomb des piles, laissaient un emplacement vague, ordinairement rempli d'immondices.

On y construisit vingt loges ou boutiques sur les dessins de Soufflot. Aujourd'hui, ces demi-lunes sont rétablies dans leur état primitif.

Le Pont-Neuf, jeté pour ainsi dire au confluent des trois divisions principales de Paris, est comme la grande artère où passent tout le sang, tous les éléments de vie de la ville géante. A toutes les heures de la journée une foule considérable y circule, et, tandis que les piétons envahissent ses trottoirs, des milliers d'équipages et de voitures industrielles en labourent la voie dans tous les sens. Le Pont-Neuf, comme édifice, est encore aujourd'hui un des plus beaux ponts de l'Europe.

Ici finit la description de cette fameuse Cité, berceau des premiers habitants de ce beau Paris qui fait l'admiration de tous les peuples ; de cette ville assainie et embellie chaque jour par la persévérante sollicitude et le bon goût de notre illustre empereur Napoléon III.

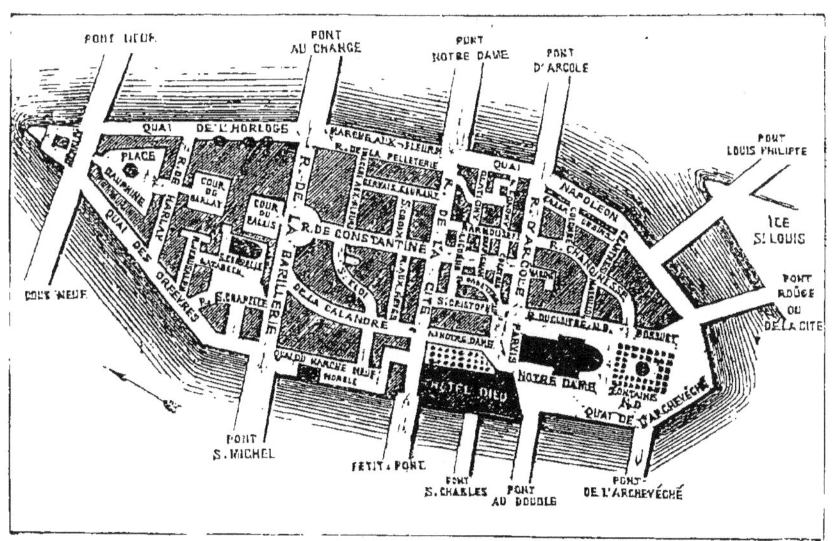

PLAN DE LA CITÉ

Outre ce petit plan de la Cité dressé par moi-même
en 1862, je crois devoir offrir à mes lecteurs un morceau fort curieux, intitulé *Le dit des rues de Paris*,
par *Guillot* de Paris, poëte qui écrivait vers la fin du
XIIIᵉ siècle. Cette pièce fut découverte à Dijon, en
1751, par le savant abbé Lebeuf, qui le premier la
publia. Il y joignit des notes intéressantes dont
j'enrichis ce livre, en y faisant toutefois les corrections
et les augmentations nécessaires [1].

Comme quelques expressions de *Guillot* pouvaient

[1] *Au* est écrit par *o; aux* par *as; qu'on* par *con; un* par la
lettre *i; Dieu* par *Dieu*.

blesser mes lecteurs, j'ai retranché plusieurs passages, qui d'ailleurs sont tout à fait inutiles pour l'in-
telligence du texte.

> Ci-commence le dit des rues de Paris.
> Maint dit a fait de rois, de conte
> Guillot de Paris en son conte ;
> Les rues de Paris briément
> A mis en rime, oyez comment.

LA CITÉ

La rue du *Sablon* [1] par n'ame (mon âme) ;
Puis *Neuve-Nostre-Dame* [2],
En près est la rue à *Coulons* [3].
Dilluec ne fu pas mon cuer lons (tardif),
La ruele trouvai briément
De *Saint-Christofle* [4] et ensement (pareillement)
La rue du *Parvis* [5] bien près,
Et la rue du *Cloistre* [6] après,
Et la grant rue *Saint-Christofle* [7] :

1. Elle était entre l'*Hôtel-Dieu* et la rue *Neuve-Notre-Dame*.
2. Elle n'a été percée que vers la fin du XIIᵉ siècle.
3. Ruelle qui était près *Sainte-Geneviève-des-Ardents.—Coulons* signifie pigeons.
4. La ruelle *Saint-Christophe* prit le nom de rue de *Venise*.
5. On y vendait des oignons en 1491, puis des jambons le
mardi-saint.
6. Rue du *Cloître-Notre-Dame*.
7. On l'appelle simplement rue *Saint-Christophe*.

Je vi par le trelis d'un coffre
En la rue *Saint-père-à-beus* [1]
Oisiaus qui avaient piez beus (raccourcis)
Qui furent pris sur la marinne (sur le bord de la mer).
De la rue *Sainte-Marine* [2]
En la rue *Cocatrix* [3] vins
Où l'on boit souvent de bons vins
Dont maint homs souvent se varie (s'enivre).
La rue de la *Confrarie* [4]
Nostre-Dame et en *Charoui* [5]
Bonne taverne a chiez ovri. (Assez ouverte, de même que
chengle, sangle.)
La rue de la *Pomme* [6] assez tost
Trouvai, et puis après tantost
Ce fu la rue *as Oubloiers* [7];
La maint Guillebert à braiés.
Marché Palu [8], la *Juerie* [9],
Et puis la *Petite-Orberie* [10]
Qui en la *Juerie* siet;

1. Rue *Saint-Pierre-aux-Bœufs*. On ignore quel oiseau curieux on y voyait.
2. Voyez impasse *Sainte-Marine*.
3. Rue *Cocatrix*. Les sieurs Cocatrix ont été célèbres autrefois.
4. A cause de la maison de la communalité des chapelains qui y était située.
5. C'est la rue de *Perpignan*.
6. C'est la rue des *Trois-Canettes*.
7. *Oublieurs*. Voyez rue de la *Licorne*.
8. Voyez rue du *Marché-Palu*.
9. Rue de la *Juiverie*.
10. Voyez rue du *Four-Basset*.

Et me samble que l'autre chief
Decent droit en la rue *à Fèves* [1]
Par deça la maison *O fevre*.
La *Kalendre* [2] et la *Ganterie* [3]
Trouvai, et la *Grant-Orberie* [4].
Après la *Grant-Bariszerie* [5]
Et puis après la *Draperie* [6]
Trouvai et la *Chevaterie* [7]
Et la ruele *Sainte-Crois* [8]
Où l'on chengle souvent des cois (où l'on sangle des
La rue *Gerverse-Lorens* [10]   coups) [9].
Où maintes dames ygnorents
Y maignent (y demeurent) qui de leur quiterne (guitare)
Enprès rue de la *Lanterne* [11]
En la rue du *Marmouset* [12]
Trouvai i homme qui mu fet
Une muse corne bellourde. (Un homme qui m'eût fait
                    une espèce de cornemuse.)

1. Rue *aux Fèves*.
2. Rue de la *Calandre*.
3. Rue *Saint-Eloi*.
4. Maintenant rue du *Marché-Neuf*.
5. On a abrégé ce nom, et l'on a dit la rue de la *Baril-lerie*.
6. Rue de la *Vieille-Draperie*. (Voyez ce nom.)
7. *Chaveterie*. Rue *Saint-Eloi*.
8. C'est la rue *Sainte-Croix* (en la Cité).
9. Il y avait apparemment des flagellants.
10. Rue *Gervais-Laurent*.
11. La partie de la rue de la *Cité* du côté du *Pont-au Change*.
12. Rue des *Marmousets*.

Par la rue de la *Coulombe* [1]
Alai droit o port *Saint-Landri* [2] :
Là demeure Guiart Andri.
Femmes qui vont tout le chevez (environnent)
Maignent (habitent) en la rue du *Chevés* [3].
Saint-Landri est de l'autre part.
La rue de l'*Ymage* [4] départ (sépare)
La ruele, par saint Vincent (espèce de serment pour la
rime).

Un bout de la rue descent
De *Glateingny* , où bonne gent
Maingnent (demeurent) et dames o cors gent (gracieux)
Qui aus homes, si com moi samblent,
Volentiers charnelment assemblent.
La rue *Saint-Denis-de-la-Chartre* [6]
Où plusieurs dames en grant chartre
Ont maint ... en leur ... tenu
Comment qu'ils soient contenu.
En ving en la *Peleterie* [7]
Mainte penne y vi esterie. (J'y vis beaucoup d'étoffes
historiées : penne, *pannus*.)

1. Voyez rue de la *Colombe*.
2. Voyez rue *Saint-Landry*.
3. C'est la rue du *Chevet-Saint-Landry*.
4. Voyez la rue *Haute-des-Ursins*.
5. Rue de *Glatigny*.
6. C'est la rue du *Haut-Moulin* (en la Cité).
7. On l'a appelée aussi rue de la *Vieille-Pelleterie*. Elle
aboutit au Pont-au-Change, qui est celui dont Guillot parle ;
dans ces trente-six rues qu'il compte dans la Cité, il ne comprend pas celles qui étaient dans l'enceinte du Palais.

En la faute (au bout) du pont m'asis.
Certes n'a que trente-six
Rues contables (qu'on puisse compter) en Cité,
Foi que doit bénédicité. (Espèce de serment en usage
alors.)

FIN

TABLE DES MATIÈRES

TABLE DES MATIÈRES

CHAPITRE PREMIER.

CHAPITRE II.

CHAPITRE III.

CHAPITRE IV.

CHAPITRE V.

CHAPITRE VI.

CHAPITRE XII.

FIN DE LA TABLE.

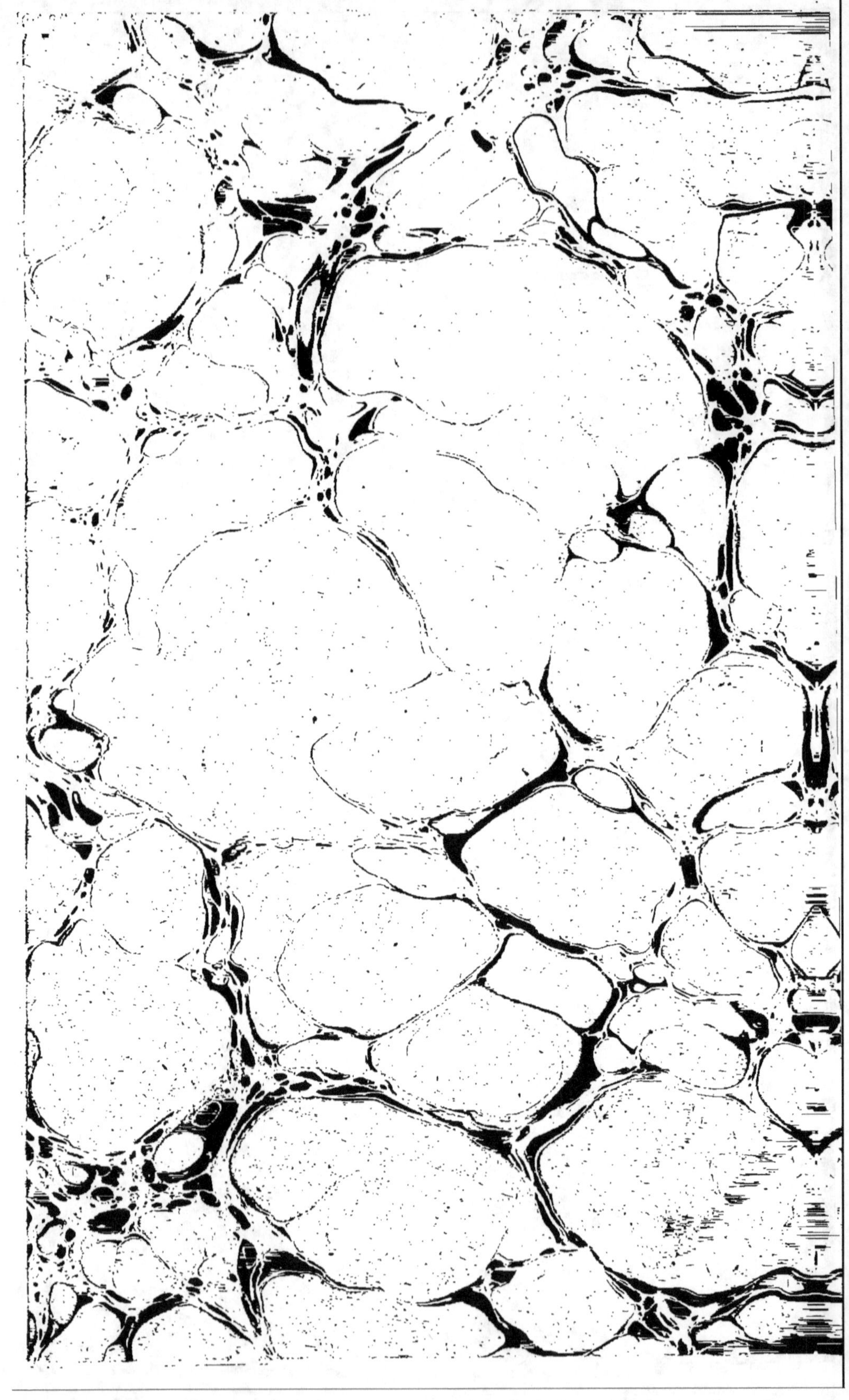

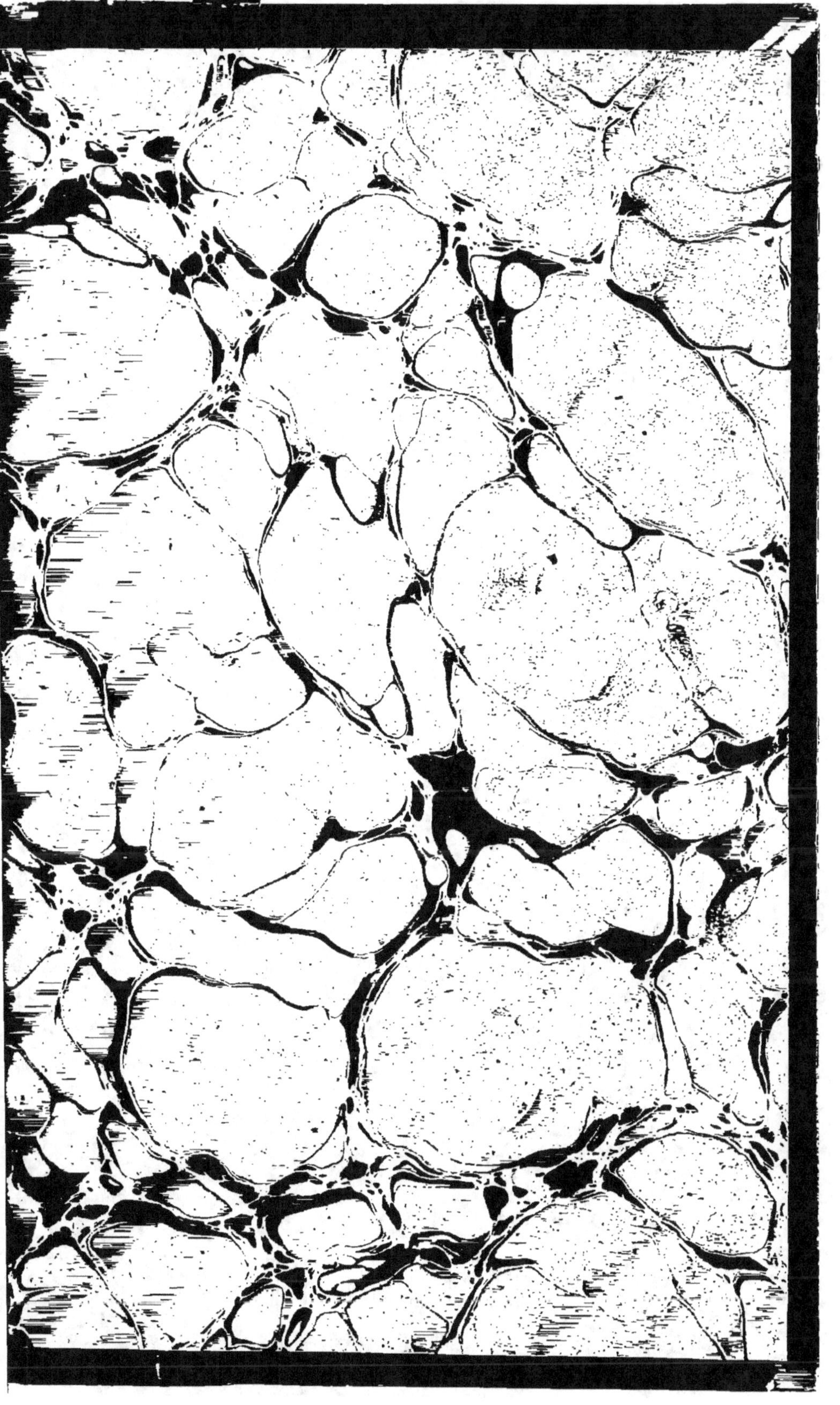

www.ingramcontent.com/pod-product-compliance
Lightning Source LLC
LaVergne TN
LVHW050417060726
842524LV00002B/610